Gianni Vattimo

Kurze Geschichte der Philosophie im 20. Jahrhundert

W0083870

HERDER spektrum

Band 5176

Das Buch

Das 20. Jahrhundert steht im Zeichen eines geradezu Schwindel erregenden technisch-wissenschaftlichen Wandels. Was bedeutet das für uns, die in einer immer komplexeren und fragmentierteren Welt leben? Technik und Existenz – das sind die zentralen Begriffe, von denen her Vattimo die Situation des heutigen Menschen beleuchtet. Sie sind der rote Faden für seinen meisterhaften Überblick über die wichtigsten philosophischen Strömungen des 20. Jahrhunderts. Ausgehend von den Epoche machenden Ideen von Marx, Nietzsche und Freud werden die Positionen des Positivismus, des Marxismus, der Frankfurter Schule, des Existentialismus, der strukturalistischen und postmodernen Denker vorgestellt und miteinander konfrontiert. Abgerundet wird diese „Landkarte" der Philosophie des 20. Jahrhunderts mit den Fragen nach dem Schönen, nach Ethos und Ethik und schließlich nach dem Verhältnis von Religion und Philosophie.

In dieser aus Fernsehvorträgen hervorgegangenen Einführung gelingt es einem der führenden zeitgenössischen Philosophen auf bewundernswert klare und verständliche Weise zu zeigen, wie die philosophischen Grundlinien der letzten hundert Jahre verlaufen. Ein Buch, das Argumente und Orientierung für einige der heute brisantesten öffentlichen Diskussionen gibt und zum Weiterdenken einlädt.

Der Autor

Gianni Vattimo, Jahrgang 1936, ist Professor für Theoretische Philosophie an der Universität Turin. Zu seinen zahlreichen Veröffentlichungen zählen „Das Ende der Moderne", „Die transparente Gesellschaft", „Glauben – Philosophieren" und „Die Religion" (zusammen mit Jacques Derrida). Er ist auf Postmoderne sowie auf die deutsche Philosophie des 19. und 20. Jahrhunderts spezialisiert. Außerdem hat er Heidegger und Gadamer ins Italienische übersetzt.

Gianni Vattimo

Kurze Geschichte der Philosophie im 20. Jahrhundert

Eine Einführung

Aus dem Italienischen
von Udo Richter

FREIBURG · BASEL · WIEN

Dieses Buch ist unter dem italienischen Originaltitel
„Tecnica ed esistenza. Una mappa filosofica del Novecento" 1997 bei
G. B. Paravia & C. S.p.A. erschienen.
© 1997, Paravia, Turin

Gedruckt auf umweltfreundlichem,
chlorfrei gebleichtem Papier

Deutsche Erstausgabe

© Verlag Herder Freiburg im Breisgau 2002
www.herder.de
Satz: Barbara Herrmann, Freiburg
Druck und Bindung: fgb · freiburger graphische betriebe 2002
www.fgb.de
Umschlaggestaltung und Konzeption:
R·M·E München / Roland Eschlbeck, Liana Tuchel
Umschlagmotiv: Theo van Doesburg: Simultane contra-compositie
(Ausschnitt), 1930
ISBN 3-451-05176-1

Inhalt

Einleitung 9

I. Das Ende der *Belle Époque*. Untergang des Abendlandes und Geist der Avantgarde 15
   1. Der Untergang des Abendlandes und
      der Erste Weltkrieg 16
   2. Der Geist der Avantgarde.
      Ernst Bloch und der Expressionismus 18

II. Polemik gegen den Positivismus: Bergson, Dilthey,
Croce 21
   1. Der Positivismus als führende Philosophie der
      zweiten Hälfte des 19. Jahrhunderts. Comte und
      das Dreistadiengesetz 22
   2. Gelebte Zeit und Freiheit: Bergson 23
   3. Geisteswissenschaften und Naturwissenschaften:
      Dilthey 24
   4. Die „Reduktion" der Naturwissenschaften auf
      die Praxis: Croce 25

III. Der Existenzialismus und die Suche nach der
Authentizität 28
   1. Kierkegaard: Wahl und Angst 29
   2. Die Theologie der Krise: Barth 31
   3. Wahrheit und Kommunikation: Jaspers 32
   4. Der Mensch als geworfener Entwurf: Heidegger 34

IV.   Die Schule des Verdachts: Von Marx zu Lukács ..   36

    1. Der Marxismus und seine Klassiker: Marx und Engels   37

    2. Schlüsselbegriffe des Marxismus   38

    3. Marxismus und Marxismen   43

V.   Die Schule des Verdachts: Von Nietzsche zu Freud   46

    1. Nietzsche   47

    2. Freud   54

VI.   Die Naturwissenschaften als Modell   59

    1. Neopositivismus und logischer Empirismus   60

    2. Der Wiener Kreis   61

    3. Wittgenstein vom *Tractatus* zu den Sprachspielen ..   63

    4. Popper: Wissenschaft und Falsifizierbarkeit   65

    5. Rückkehr zum Pragmatismus?   66

VII. Kritik der Rationalisierung:
Von Weber zur Frankfurter Schule   69

    1. Max Weber: formale Rationalität, moderner
       Kapitalismus, Entzauberung der Welt   69

    2. Die Frankfurter Schule   72

VIII. Nihilismus   77

    1. Sein und Nichts: Sartre   78

    2. Heidegger: das Sein, die Zeit, das Ereignis   79

    3. Pareyson: Sein und Freiheit   82

IX.   Sprache, Struktur, Geschichte   84

    1. Was bedeutet Struktur?   84

    2. Der linguistische Strukturalismus: Saussure   85

    3. Von der Linguistik zur Anthropologie: Lévi-Strauss   87

    4. Foucault und die Archäologie des Wissens   89

    5. Strukturalismus und Emanzipation   91

X.   Der dialogische Mensch 93
     1. Die Hermeneutik: Hans-Georg Gadamer 94
     2. Die unbegrenzte Kommunikationsgemeinschaft und
        das kommunikative Handeln: Apel und Habermas .. 96
     3. Das Antlitz des Anderen und das Unendliche:
        Emmanuel Lévinas 98

XI. Postmoderne 100
     1. Lyotard und die *condition postmoderne* 101
     2. Das Ende der Moderne und das schwache Denken .. 103
     3. Eine Philosophie der Narrativität: Paul Ricoeur 105
     4. Differenz, Schrift, Dekonstruktion: Derrida 106

XII. Die Kunst und ihre Wahrheit 109
     1. Kunst und Wahrheit 109
     2. Kunst und Gesellschaft 113
     3. Kunst und moderne Technologie 115

XIII. Ethik, Authentizität und Lebensstil 118
     1. Ethik und *ethos* 119
     2. Die großen Wendepunkte der Ethik 120
     3. Moral und Gesellschaft 123
     4. Die Genealogie der Moral und die Psychoanalyse ... 124
     5. Die existenzialistische Ethik der Authentizität 126
     6. Authentizität gegen Repression 129

XIV. Formen und Inhalte 130
     1. Die Sprache der Ethik 131
     2. Ethik, Vernunft, Kalkül 135
     3. Die Tugend und die Gemeinschaft 137
     4. Neue Herausforderungen der Ethik 140

XV. Philosophie – Religion 142

   1. Das Heilige bei Rudolf Otto und der Anruf Gottes bei
      Karl Barth 145

   2. Die Gewalt und das Heilige: René Girard 148

   3. Philosophie und jüdisch-christliche Tradition:
      E. Lévinas, P. Ricoeur, L. Pareyson 151

Weiterführende Literatur 155

Einleitung

Es gibt einen schönen Spruch: Ein Lageplan, so heißt es, könne *per definitionem* nicht mit dem Territorium selbst identisch sein – sonst wäre er ohne praktischen Wert. Im Grunde ist es aber gerade eine absolute Vollständigkeit, was alle von den Lageplänen erwarten, die sie benutzen. Und auch ihre Urheber können es nicht vermeiden, dieses Kriterium anzuwenden (wenn nicht ausschließlich, dann doch an erster Stelle), wenn sie die vollbrachte Arbeit noch einmal in den Blick nehmen. Ich muss also gleich zu Anfang klarstellen, dass das Wort „Lageplan" im italienischen Untertitel dieses kleinen Buches („Una mappa filosofica del Novecento") im Sinne einer „Wegbeschreibung" verstanden werden soll: Diesen Ausdruck habe ich nur deswegen vermieden, weil er mir im Schriftbild zu lang erschien – obwohl er deutlicher den persönlichen und „teil-haften" Charakter des vorliegenden Textes hervorgehoben hätte.

Diese „Teil-haftigkeit" (im Sinne von Ausschnitthaftigkeit und im Sinne des besonderen eigenen Blickwinkels) bringt mich im Übrigen nicht in eine besondere Verlegenheit: Die Richtung des Ganzen ist ja klar genug angezeigt zum einen durch den Haupttitel („Tecnica ed esistenza"), der das Problem benennt, das als Leitfaden gedient hat, nämlich das Verhältnis von Technik und Existenz (wobei der Sinn der Begriffe natürlich erst im Laufe des Textes klar werden wird), und zum anderen durch den einführenden Charakter, den das Buch hat.

Mit einem Wort: Ich habe nicht den Anspruch, mit diesen wenigen Seiten ein vollständiges und in die Tiefe gehendes Panorama der gesamten Philosophie des 20. Jahrhunderts zu geben. Meine Absicht ist es vielmehr, einen roten Faden für die Lektüre dieser Philosophie vorzuschlagen, von dem ich meine, dass man ihn nicht vernachlässigen sollte – und dazu einzuladen, die hier vorgestellten Grundzüge durch die direkte Lektüre derjenigen Autoren, die nach und nach behandelt werden, zu vertiefen. Dazu dient auch die Sekundärliteratur, die in der Bibliographie angegeben ist – strikt beschränkt auf einen engen Kreis leicht zugänglicher Titel.

Aber das Buch ist doch ein Lageplan im eigentlichen Sinne, jedenfalls insofern, als es eine allererste Annäherung an das Territorium sein soll. Es ist (das brauche ich kaum ausdrücklich zu sagen) kein Buch für Spezialisten – auch wenn es für sie immerhin interessant sein könnte, den interpretativen Zuschnitt des Ganzen oder der einzelnen Kapitel zu diskutieren. Die Arbeit ist aus einer Reihe von Fernsehvorträgen hervorgegangen, die ich auf Anregung der Technischen Hochschule in Turin und des *Consorzio Nettuno* habe aufzeichnen lassen. Sie gehörten zu einem Kurs in geisteswissenschaftlichen Fächern, der (versuchsweise) für Studenten des Studiengangs „Diplom im Fernstudium" bei den Ingenieurwissenschaften angeboten wurde. (Das Konzept stammte von dem Rektor, Rodolfo Zich, und von Frau Prof. Luisa Castello, denen ich hier herzlich danken möchte; ebenso wie Luca Bagetto, der die Bearbeitung und die endgültige Redaktion meiner Aufzeichnungen übernommen hat.) Diplomstudenten der Ingenieurwissenschaften sind sicherlich kein ganz beliebiges Publikum – aber das, was sie mitbringen, und die Schwerpunkte ihres Studienprogramms machen sie doch zu Hörern, die in gewisser Weise „von außen" an die Philosophie im eigentlichen Sinne herangehen. Das Interessante an dieser Erfahrung mit Fernsehvorträgen (die das staatliche Fernsehen inzwischen verschiedentlich ausgestrahlt hat) bestand daher für mich darin, dass sie ein Versuch waren, die zeitgenössische Philosophie (wenigstens in einigen ihrer Aspekte) einem zwar gebildeten, aber nicht fachlich vorgebildeten Publikum zu vermitteln.

An ein solches Publikum wendet sich nun auch dieses einführende Büchlein. Die Philosophie in einer Weise darzustellen, die für Nicht-Philosophen (oder Noch-Nicht-Philosophen) verständlich ist – diese Aufgabe ist nicht nur aus verlegerischer Sicht interessant. Sie hat vielmehr etwas zu tun mit dem Sinn, den ich (und wohl nicht nur ich) heute in meinem Beruf als „Philosoph" (die Anführungszeichen bringen eine ungeheuchelte Bescheidenheit zum Ausdruck) sehe. Vielleicht auch aufgrund der durch nichts zu bremsenden Neugier der Massenmedien gibt es heute viele, die zwar keine Philosophie studieren, aber sich doch ziemlich intensiv dafür interessieren. Wahrscheinlich nicht nur deswegen, weil die Medien – ständig auf der Suche nach immer wieder anderen Themen, um Seiten und Sendezeiten zu füllen – davon reden. Sondern es spielt auch die Neuheit und Radikalität der zahlreichen Herausforderungen eine Rolle, denen sich das gegenwärtige Bewusstsein gegenübersieht (denken wir zum Beispiel an die Bioethik). Oder man denke an das Schwinden traditioneller Überzeugungen und die Orientierungsschwierigkeiten, die oftmals eine Folge der Begegnung mit näher gerückten fremden Kulturen sind, wie sie in einer Welt des ethnischen und religiösen Pluralismus und unterschiedlicher Lebens- und Gesellschaftsformen immer öfter stattfindet.

Die Entscheidung, mich auf das Thema der Technik zu konzentrieren, wie ich es hier tue, ist nicht nur dadurch bedingt, dass die ersten Adressaten angehende Ingenieure waren. Sie entspricht vielmehr auch der Überzeugung (die im Übrigen auch bei vielen heutigen Philosophen eine große Rolle spielt), dass eben sie das wesentliche „Neue" ist, mit dem sich die menschliche Existenz in unserer Zeit auseinandersetzen muss. Eine implizite Voraussetzung bei der Wahl des Themas besteht also darin, dass es keine ewigen Probleme der Philosophie gibt, sondern dass es eher um menschliche Probleme geht, die von Epoche zu Epoche neu bestimmt werden im Verhältnis zu den Bedingungen der Existenz; und diese hängen ihrerseits nicht einfach vom Gang der Theorien ab und sind auch nicht der Ausdruck ewiger Wesenheiten, die sich etwa nur in einer zufälligen (also das eigentliche Wesen nicht berührenden) Weise in unterschiedliche Situationen versetzt finden würden.

Es ist diese Thematik an einer bestimmten Stelle in der Geschichte, die sich im Geist der (künstlerischen und überhaupt kulturellen) Avantgarde der Jahrhundertwende ausdrückt, von der die Ausführungen des Buches ihren Anfang nehmen. In diesem Geist einen Leitfaden zu suchen, um sich der Philosophie des 20. Jahrhunderts zu nähern, ist eine Wahl, die nicht auf der Hand liegt, auch wenn sie sich nicht als ausgesprochen anstößig oder gewagt darstellt. Diese Wahl bedeutet aber von Anfang an, dass die Philosophie nicht gedacht wird als ein Wissen, das sich in erster Linie nach einer Logik entwickelt, die in ihr selbst liegt. Sonst hätte man einfach „das Erkenntnisproblem" als Ausgangspunkt wählen können, die Fragen der Grundlegung des wissenschaftlichen Wissens oder die Probleme der Unterscheidung von Geisteswissenschaften und Naturwissenschaften – die durchaus auch in meinen Ausführungen einen zentralen Stellenwert haben. Aber diese Probleme erscheinen mir nur dann bedeutsam, wenn man sie mit der allgemeinen Problematik verbindet, die sich aus der immer stärker werdenden technisch-wissenschaftlichen Rationalisierung der Gesellschaft ergibt – und gerade diese Problematik ist der Anstoß für das, was ich als den „Geist der Avantgarde" bezeichne. Das Verhältnis zwischen „Technik" und „Existenz" ist also nicht nur ein Thema unter anderen in der Philosophie des 20. Jahrhunderts, das hier ausgewählt worden ist, sei es, weil es zuerst Studenten der Ingenieurwissenschaften vorgetragen worden ist, sei es, weil es, in allgemeinerer Perspektive, unter den zahlreichen möglichen Themen das interessanteste für ein Publikum von Nichtspezialisten zu sein schien. Dieses Thema erhebt vielmehr in gewisser Weise den Anspruch, als „wahrster" und angemessenster Leitfaden gelten zu können, wenn man sich der Philosophie des gerade vergangenen Jahrhunderts nähert.

Dass es auch das Publikum der Nichtspezialisten interessiert, ist ganz natürlich, wenn man sich klarmacht, dass die Philosophie selbst gar kein Spezialistenwissen ist: Wenn sie sich als ein solches aufgefasst und dargestellt hat, hat sie damit ihr ursprüngliches Wesen (d. h. den Sinn, der sich ganz klar aus den Texten ihrer Tradition ergibt) verraten, um sich einen Platz an der Seite der Wissenschaften zu suchen. So waren Philosophen oftmals darauf bedacht, sich einen Status methodologischer Respektabilität zu verschaffen, der auch eine Form sozialer Auszeichnung und sozialen Ansehens ist. Was aber sind die Philosophen, wenn sie nicht Wissenschaftler sind? Auf diese Frage antworten heute viele Vertreter der Philosophie, indem sie sich eben in ihren Status als Professoren, Wissenschaftler, Forscher flüchten, die in Berufsverbände eingegliedert sind, die sich regelmäßig zu Kongressen versammeln, genauso wie die Physiker, Chemiker oder Pharmazeuten. Sicherlich, Kant und Hegel sind Professoren gewesen, und selbst Nietzsche konnte das Leben eines Bohemiens nur führen, weil ihm die Universität Basel eine Pension zahlte (ein Vorläufer der Frührentner von heute also, auch wenn er ernste gesundheitliche Gründe hatte, die Arbeit vorzeitig aufzugeben). Und doch liegt es immer mehr auf der Hand – auch angesichts der

Schwere und Neuheit der Probleme, mit denen es die Gesellschaft der Gegenwart zu tun hat –, dass die Philosophie nur dann Sinn hat und auch nur dann Anspruch erheben kann, an Schulen und Universitäten vertreten zu sein (mit Mitteln und Gehältern, die der Staat bereitstellt), wenn sie nicht als ein Spezialistenwissen existiert. Dieses entwickelt und reproduziert sich innerhalb der eigenen institutionellen Strukturen wie in den anderen wissenschaftlichen Disziplinen auch, deren technischer Ertrag gleichwohl ihren unbezweifelten gesellschaftlichen Nutzen ausmacht. Der einzige „gesellschaftliche Nutzen" der Philosophie ist gerade ihre Fähigkeit, zu allen zu sprechen und dabei nicht nur zur Klärung und Korrektur, sondern auch zur Bereicherung und Intensivierung derjenigen Bedeutungen, Werte, Weltsichten zu dienen, die das Leben der Menschen menschlich machen.

Und das, obwohl sie – zum Glück – nicht fähig ist (und niemals gewesen ist), endgültige Lösungen für die Probleme zu bieten, mit denen sie sich auseinander setzt. Ein solcher Mangel an Lösungen, an leicht und unmittelbar „anwendbaren" Ergebnissen entspricht übrigens auch dem überwiegend historischen (oder, wenn man so will, informativen) und nicht im engeren Sinne theoretischen Zuschnitt dieses Buches. So hoffen wir, dass die Leser die Herangehensweise, die wir gewählt haben, in ihrer Besonderheit zu schätzen wissen: als Einladung zu einem Engagement des Verstehens und zu einer Einübung in die Freiheit.

I. Das Ende der *Belle Époque.*
Untergang des Abendlandes und Geist der Avantgarde

Auf den folgenden Seiten wird der Versuch unternommen, eine Art Atlas der Ideen des 20. Jahrhunderts zu entwerfen. Bei diesem Entwurf soll der Blick vor allem gerichtet sein auf das Problem des Verhältnisses, das zwischen der Kultur – verstanden als Weltsicht und als geistige Hervorbringungen (Kunst, Philosophie, Religion usw.) – einerseits und der neuen technisch-wissenschaftlichen Welt andererseits besteht, die sich gerade zu Beginn des eben vergangenen Jahrhunderts mit Macht durchsetzt – ein Prozess, der in der Zeit um den Ersten Weltkrieg (1914–1918) einen Höhepunkt erreicht. In diesen Jahren treiben die Erfordernisse des Krieges die verschiedenen europäischen Nationen dazu, die Rationalisierung der industriellen Produktion voranzutreiben. Aber schon vor dem Krieg, seit den letzten Jahren des 19. Jahrhunderts, treten die ersten Anzeichen einer Krise hervor, in deren Mittelpunkt die Frage nach dem Verhältnis zwischen der „Seele" (um es so auszudrücken) und der technisch-wissenschaftlichen Organisation der sozialen Welt steht. Diese Krise zeigt sich ausdrücklich im Titel eines Buches, das unmittelbar nach dem Ersten Weltkrieg erschienen ist, aber dessen Themen bereits früher vorbereitet werden (eben am Ende des 19. Jahrhunderts). Es sind die Jahre der so genannten *Belle Époque*, zu deren Hauptmerkmalen der Glaube an den Fortschritt und an die Überlegenheit der europäischen Zivilisation gehört – mit dem daraus folgenden Recht, die Völker der anderen Kontinente zu kolonisieren. Aber es sind zugleich die Jahre, in denen man die Grenzen dieser Vorstellungen wahrzunehmen beginnt: So legt zum Beispiel die Kulturanthropologie (d. h. das Studium der anderen Kulturen), die in den letzten Jahrzehnten des 19. Jahrhunderts entstanden war, einen Keim des Zweifels in die Gleichsetzung der europäischen Zivilisation mit menschlicher Zivilisation überhaupt. Die künstlerischen Avantgarden, die sich vor dem Krieg durchzusetzen beginnen, spiegeln bereits diesen Zustand des Unbehagens wider und stellen sich die Aufgabe, die Ausdrucksformen, die Sprache und auch die Inhalte unserer künstlerischen Tradition – und noch allgemeiner unserer Kultur – radikal zu erneuern.

All das versuchen wir im Titel dieses einleitenden Kapitels zusammenzuführen, der auf die *Belle Époque* und ihr Ende anspielt: Dieses Ende ist charakterisiert durch ein beginnendes Bewusstsein davon, dass die abendländische Zivilisation im Untergang begriffen ist und dass man sie, folgt man der Avantgarde, radikal verändern muss.

1. Der Untergang des Abendlandes und der Erste Weltkrieg

Das Buch von Oswald Spengler (1880–1936), das eben diesen Titel: *Der Untergang des Abendlandes* trägt, erscheint in zwei Auflagen, zuerst 1918 und dann 1922. Spengler schreibt es also während des Krieges, der ihm einige der Thesen bestätigt, die auszuarbeiten er schon in den Jahren vorher begonnen hatte. Seiner Theorie liegt die Vorstellung zugrunde, dass die menschlichen Zivilisationen wie lebende Organismen sind; daher kann man in Bezug auf sie eher als von Geschichte von Morphologie sprechen – wie bei Pflanzen und Tieren. Ihre Entwicklung hat zwar eine Erstreckung in der Zeit, aber nur innerhalb der unüberwindlichen Grenzen von Geburt und Tod; und den verschiedenen Lebensaltern entsprechen Zustände, die einigermaßen vorhersehbar und durch die Gesetze der Biologie vorbestimmt sind. Der Lebenszyklus einer Zivilisation dauert nach Spengler etwa tausend Jahre. Die moderne europäische Zivilisation beginnt mit dem Reich Karls des Großen (9. Jahrhundert) und befindet sich also im 19. Jahrhundert in der Phase des Untergangs. Dass zu diesem Zeitpunkt der Weltkrieg ausbricht (und vorher die Kolonialkriege), bestätigt die These Spenglers im folgenden Sinne: Eine Kultur, deren Ende bevorsteht, wird unfähig, etwas Neues zu schaffen – wie das in der Jugend und im frühen Erwachsenenalter der Fall sein kann –, und ist nur noch in der Lage, sich zu konsolidieren und territorial auszubreiten. Dies ist die Phase des Imperialismus. Dabei handelt es sich nicht um eine politische Wahl und Entscheidung, sondern um ein Schicksal. Und auch das ist natürlich ein Anzeichen des nahenden Endes.

Es ist eine Vorstellung, die die moderne Kultur seit dem 18. Jahrhundert (und in anderer Begrifflichkeit auch schon früher) durchzieht, die vor allem im Werk Spenglers Ausdruck findet und zu einem theoretischen System ausgebaut wird: die Vorstellung nämlich, dass die Zivilisierung des individuellen und sozialen Lebens der schöpferischen Kraft eine Grenze setzt. *Kultur* ist in dieser Entgegensetzung eben der lebendige, schöpferische Aspekt der Kultur (im weiteren Sinne), der Aspekt aktiver Teilnahme; *Zivilisation,* wie das aus dem Französischen übernommene deutsche Wort lautet, ist dagegen der Inbegriff der verfestigten Formen, die zum Formalismus zu entarten drohen und die für den freien Ausdruck des Individuums ein Hindernis darstellen. Das Abendland im Untergang, von dem Spengler spricht, ist eine Zivilisation, aber keine wirkliche Kultur mehr. Auch die künstlerischen Avantgarden, die auf der Suche sind nach neuen Sprachen und neuen Formen des Ausdrucks – zum Beispiel indem sie sich von den Masken und rituellen Gegenständen der so genannten „primitiven" Völker inspirieren lassen –, bemühen sich gerade darum, die starren Grenzen der Zivilisation aufzubrechen, damit eine neue Kultur entstehen kann.

2. Der Geist der Avantgarde. Ernst Bloch und der Expressionismus

In demselben Jahr, in dem das Buch von Spengler erscheint, kommt auch ein anderes Buch heraus, das für die Zeit charakteristisch ist, und zwar *Geist der Utopie* (1918 und nochmals 1923) von Ernst Bloch (1885–1977). Bloch geht von der Aufgabe aus, zu verstehen, wie die Technik, die zur Massenproduktion wird, unsere Lebenswelt verändert – angefangen bei der Form der Gegenstände, die rationalisiert und tendenziell reduziert wird auf die bloße Erfüllung grundlegender Funktionen, wobei alles Schmückende, das darüber hinaus geht, jede zusätzliche Bedeutung eliminiert wird. Das führt auf der einen Seite zu einer Entmenschlichung der Dinge oder zu einer ausschließlichen Konzentration auf die „hygienischen" Aspekte des Lebens (die Architektur unserer Zeit, sagt Bloch, hat vor allem Bäder und Küchen hervorgebracht). Auf der anderen Seite jedoch, und das ist wichtig, schafft die immer weitergehende technische Vereinfachung der Produktion von Gegenständen auch die Voraussetzungen dafür, dass sich eine Befreiung der Kunst von vielen Konventionen und vielen Irrtümern der Vergangenheit ereignen kann; daraus ergeben sich die Voraussetzungen für einen „antiluxuriösen Expressionismus", und daher „malen wir auch wieder wie die Wilden, im besten Sinne des Frühen, Unruhigen und Barbarischen".

Wir stoßen hier auf das Wort „Expressionismus", einen

Ausdruck, der zu Beginn des 20. Jahrhunderts in Frankreich entstanden ist, um einen Stil in der Malerei zu bezeichnen, der sich dem Impressionismus entgegensetzte. „Expressionismus" (das Wort wurde 1916 wiederaufgenommen im Titel eines Bandes des Kritikers H. Bahr) bezeichnet von da an eine breite und (an ihren Rändern) nicht klar abgegrenzte Strömung der literarischen und künstlerischen Avantgarde, mit der man Maler wie Kandinsky und Klee, Franz Marc und Oskar Kokoschka in Verbindung bringen kann, Schriftsteller wie Franz Werfel, Musiker wie Arnold Schönberg. Der Expressionismus kann als das Aushängeschild aller künstlerischen Avantgarden des frühen 20. Jahrhunderts (wir denken an Kubismus, Futurismus, Dadaismus usw.) angesehen werden, die, so sehr sie sich auch voneinander unterscheiden, doch alle die Freiheit des Künstlers für sich in Anspruch nehmen – gegen die Konventionen und die Passivität der bloßen „Darstellung" der Wirklichkeit. Manchmal, wie im Kubismus und im Futurismus, glaubt man vor allem, die Realität anders als in den gängigen Schemata darstellen zu sollen; aber auch das impliziert ein sehr aktives Eingreifen des Künstlers, einen „Ausdruck" seiner Innerlichkeit, der sich gegen die Ansprüche des Gegenstandes durchsetzt. Blochs Buch ist – vor allem in der ersten Auflage von 1918 – auch selbst ein expressionistisches Buch, nämlich in der Art des Schreibens selbst; und vor allem ist es eine Theorie der Avantgarde im Lichte des Expressionismus. Für Bloch geht es darum – unter den Bedingungen, die die technische Massenproduktion geschaffen hat –, die Gelegenheit zu ergreifen und die innere Freiheit und den Vorrang des Inneren über das Äußere neu zur Geltung zu bringen. So ist das, was uns in den Bildern von Kandinsky und Klee manchmal als Simplifizierung erscheint (Menschen, die auf eine fast kindliche Weise gezeichnet sind …), ein Akt der Befreiung vom lastenden Gewicht der Äußerlichkeit. Auch Wassily Kandinsky (1866–1944) führt in seinem Buch *Über das Geistige in der Kunst* (1912) die abstrakte, nicht darstellende Kunst mit diesen Begriffen ein und rechtfertigt sie damit. Das „Geistige" ist nichts anderes als das, was aus dem Inneren des Künstlers kommt und es ausdrückt, ohne sich hinter der Maske der Darstellung von Dingen der alltäglichen Erfahrung zu verstecken.

Geist der Utopie von Bloch, für den der Begriff der Utopie auf das Ideal der Freiheit und des Vorrangs des Geistigen hinzielt, wie es in der Avantgarde vertreten wird, kann also in Gegenüberstellung zu Spenglers Buch als eine andere Ausrichtung angesehen werden, in der die Kultur des frühen 20. Jahrhunderts Gestalt gewinnt. Auch hier wird die Entstehung der technischen Zivilisation als etwas Entscheidendes empfunden – und als eine Gefahr für den Geist. Aber durch die Vereinfachung und das Wegfegen vieler Konventionen der Vergangenheit, das damit einhergeht, liefert sie auch Bedingungen für ein neues Sichbehaupten von Freiheit. Vor allem dann, wenn man sie in der Weise sieht, die Bloch vorschlägt, erweist sich die künstlerische Avantgarde des frühen 20. Jahrhunderts als eine weitere wesentliche Komponente des geistigen Klimas, in dem auch die wichtigsten Philosophien der Zeit heranreifen; und auch ihnen geht es um das Problem der Verteidigung der Freiheit gegen die Risiken, die mit der technischen Rationalisierung verbunden sind. Und oft sind sie auch entschlossen, in den neuen, durch Wissenschaft und Technik geschaffenen Existenzbedingungen eine Möglichkeit der Erneuerung und der Emanzipation zu suchen.

II. Polemik gegen den Positivismus: Bergson, Dilthey, Croce

Wir haben den Vorschlag gemacht, den Geist der Avantgarde als ein Thema zu nehmen, das für die gesamte künstlerische und intellektuelle Kultur des frühen 20. Jahrhunderts typisch ist. Im philosophischen Bereich kommt diese Thematik in verschiedenen Schulen und Strömungen zum Ausdruck. Wir werden nicht ihnen allen im Detail nachgehen, sondern versuchen, nur diejenigen Motive aufzugreifen, die auch später noch, in der Kultur der folgenden Zeit bis zu unserer eigenen, lebendig bleiben.

Die Avantgarde lehnt sich gegen die Welt der beginnenden totalen Organisation auf. Dieser liegt die Technik und, noch vorher, die experimentelle Naturwissenschaft zugrunde. Es geht also für die Philosophie in erster Linie darum, dem Anspruch der positiven Wissenschaften Grenzen zu setzen, dass sie auf die gesamte Wirklichkeit des Menschen anwendbar seien. Diejenige Richtung der Philosophie, die eine solche Übertragung der Methode der experimentellen Wissenschaften auf alle Bereiche der menschlichen Existenz vertreten hatte (und nicht nur einen Gebrauch ihrer Ergebnisse), der Positivismus, war in der zweiten Hälfte des 19. Jahrhunderts führend gewesen. (Daher also die Wahl der Kapitelüberschrift.) Bergson, Dilthey und Croce haben natürlich viele jeweils eigene Thesen, die sie voneinander unterscheiden. Aber wir betrachten nur einige davon, die in größerer Nähe zueinander stehen und die gerade mit der Kritik an der positivistischen Wissenschaftsgläubigkeit zu tun haben.

1. Der Positivismus als führende Philosophie der zweiten Hälfte des 19. Jahrhunderts. Comte und das Dreistadiengesetz

Der Positivismus kommt kurz vor der Mitte des 19. Jahrhunderts in Frankreich auf und verbreitet sich rasch in England und Deutschland. Sein erster Vertreter ist Auguste Comte (1798–1857), der seinen *Cours de philosophie positive* in mehreren Bänden zwischen 1830 und 1842 veröffentlicht. Der Ausdruck leitet sich von den „positiven" Wissenschaften her, die jeweils über ein Wissen von positiven, d. h. durch die experimentelle Methode festgestellten Tatsachen verfügen. Die experimentell-mathematische Methode setzt sich jedoch erst in der reifen Phase der Wissenschaften durch: Diese Phase ist das, was Comte das positive Stadium nennt, das auf das theologische und das metaphysische Stadium folgt. Comte nennt diese Abfolge das „Dreistadiengesetz". Im 19. Jahrhundert sind die Naturwissenschaften im dritten Stadium angelangt, nicht dagegen die Wissenschaften vom Menschen, wie die Psychologie und die Soziologie. Die Aufgabe der Philosophie (die sich von Grund auf verwandeln muss in „Soziologie", d. h. in eine empirische Wissenschaft von der Gesellschaft und ihrem Fortschritt) ist es, auch die Humanwissenschaften positiv zu machen. Nur so lässt sich ein gesellschaftliches Einvernehmen herbeiführen: Dieses bleibt nämlich so lange unmöglich, wie kein unbestreitbares Wissen zur Verfügung steht, wie das z. B. im Bereich der Ethik, der Politik usw. der Fall ist, wo alles Meinung und Kontroverse ist. Man muss vielmehr allgemeine Gesetze finden, die es erlauben, die (individuellen und kollektiven) Phänomene der menschlichen Welt gemäß der mathematischen Methode der experimentellen Wissenschaften zu verknüpfen und vorherzusehen und darauf dann die Politik zu gründen.

2. Gelebte Zeit und Freiheit: Bergson

Henri Bergson (1859–1941) hat auf die französische und überhaupt die europäische Kultur des frühen 20. Jahrhunderts einen sehr bedeutenden Einfluss ausgeübt. Nach Bergsons Meinung darf man nicht den Anspruch erheben (wie es der Positivismus tut), die experimentell-mathematische Methode auf die Welt des Menschen (Ethik, Psychologie, Politik usw.) anwenden zu können, weil das Leben des Bewusstseins sich nicht in mathematischen Begriffen beschreiben lässt. Eine entscheidende Rolle spielt bei ihm die Unterscheidung von *verräumlichter Zeit* und *Dauer* oder gelebter Zeit. In den Berechnungen der experimentellen Wissenschaft, so wie Bergson sie kennt, sind die Zeiteinheiten alle gleich, und deshalb kann man die Zeit messen. Die Einheiten der gelebten Zeit dagegen unterscheiden sich voneinander, jede ist beladen mit der „Erfahrung" der vorhergehenden. Das Leben des Bewusstseins ist ein Amalgam, ein Kontinuum, das man nicht in gleichförmige, berechenbare Einheiten zerlegen kann. Das bedeutet auch, dass man das Bewusstsein nicht in deterministischen Begriffen denken kann: Das ist eine der Thesen des *Essai sur les données immédiates à la conscience* (dt. *Zeit und Freiheit*) von 1889. Nur wenn das Ich eine bloße Ansammlung unterschiedlicher Bewusstseinstatsachen wäre, eine Art passives Depot von Objekten und Ereignissen, dürfte man denken, dass das, was in unserem Leben geschieht, im Sinne eines rigorosen Determinismus kausal vorherbestimmt sei. Bei Bergson zeigt sich deutlich, was in dieser antipositivistischen Polemik auf dem Spiel steht: nicht ein abstrakter wissenschaftstheoretischer Streit über den Status der Wissenschaften und der Philosophie, sondern das Problem der Freiheit und das Versagen der messenden, empirischen Wissenschaften ihr gegenüber.

3. Geisteswissenschaften und Naturwissenschaften: Dilthey

Während Bergson nicht nur die Anwendung der experimentellen Methode auf die menschliche Realität ablehnt, sondern schließlich überhaupt leugnet, dass es davon irgendein systematisches Wissen gebe, und sich auf diesem Gebiet eher auf die Intuition verlässt, bemüht sich Wilhelm Dilthey (1833–1911), ein Neukantianer, eine Wissenschaftstheorie der Wissenschaften vom Menschen zu entwickeln. Er gesteht zu, dass hier die experimentelle Methode nicht anwendbar sei, aber sucht dennoch eine geeignete Methode für das Verstehen der geistigen Erscheinungen, bei denen es um Äußerungen der Innerlichkeit in der geschichtlichen und sozialen Welt geht. Diesem Verstehen wendet sich seine *Einleitung in die Geisteswissenschaften* von 1883 zu; auch viele andere Schriften Diltheys sind diesem Thema gewidmet. Gegenstand der *Geisteswissenschaften* sind die Äußerungen des inneren Lebens, die objektive Gestalt annehmen: Recht, Kunstwerke, Institutionen – also nicht die „unmittelbaren Daten des Bewusstseins", wie es Bergson wollte. „Geist" ist hier mehr oder weniger gleichbedeutend mit Kultur, mit der Welt der Gestaltungen der Kultur. Diese Art von Gegenständen ist dadurch gekennzeichnet, dass sie Formen des Ausdrucks erlebter Erfahrung sind, die nicht von außen erkannt werden können, sondern nur mittels eines *Verstehens*. Die Unterscheidung von Geisteswissenschaften und

Naturwissenschaften entspricht der zwischen „verstehen" und „erklären", wobei „erklären" bedeutet, dass eine einzelne Erscheinung unter ein allgemeines Gesetz subsumiert wird. Geschichtliche Tatsachen werden nie durch eine Erklärung in diesem Sinne erkannt: sie sind keine Einzelfälle allgemeiner Gesetze. Sie lassen sich nicht auf ein Gesetz zurückführen, weil sie Träger einer unwiederholbaren Einzigkeit sind, der das *Verstehen* zu entsprechen versucht. Andere deutsche Theoretiker beschreiben am Ende des 19. Jahrhunderts die beiden Wissenschaftstypen auch als *idiographisch* und *nomothetisch*: Die Geisteswissenschaften sind idiographisch, weil sie etwas Besonderes (griechisch „*idion*", wovon „Idiom" und auch „Idiot" abstammt) beschreiben und nicht etwas Allgemeines. Die Naturwissenschaften entdecken und formulieren Gesetze *(nomoi)*. Es wird gut sein, diese Begriffe, insbesondere den Unterschied von Verstehen und Erklären, im Kopf zu behalten, weil sie in der Diskussion der folgenden Jahrzehnte bis zur Gegenwart immer wieder eine Rolle gespielt haben.

4. Die „Reduktion" der Naturwissenschaften auf die Praxis: Croce

Neben Bergson und Dilthey verdient hier der Italiener Benedetto Croce (1866–1952) erwähnt zu werden. Das Werk Croces ist Ausdruck desselben geistigen Klimas, auch wenn es darin auf andere Weise zu Wort kommt. Im öffentlichen Bewusstsein ist Croce vor allem als Ästhetiker bekannt. Auf diesem Felde lag sein Anliegen darin, den Bereich der Kunst klar abzugrenzen und sie von anderen Tätigkeiten zu unterscheiden. Und das deswegen, weil nur auf dieser Grundlage dann die Möglichkeit gegeben ist, ein streng sachgerechtes Urteil über ein Kunstwerk abzugeben, also sämtliche unangemessenen Elemente vom ästhetischen Urteil fern zu halten (z. B. die größere oder geringere Nützlichkeit oder Moralität eines Werkes). Diese Unterscheidung nimmt Croce so vor, dass er alle geistigen Aktivitäten des Menschen in vier fundamentale Kategorien unterteilt, die sich wiederum auf eine Zweiteilung zurückführen lassen. Es gibt zwei Formen oder Momente des geistigen Lebens: die theoretische (Wissen) und die praktische (Handeln). Die theoretische Form ist weiter unterteilt in Erfassen des Besonderen (Ästhetik) und Erkennen des Allgemeinen (Logik). Die praktische Form hat wiederum zwei Momente, nämlich das Wollen des Besonderen (Ökonomie) und das Wollen des Allgemeinen (Ethik). Ohne bei diesen Unterscheidungen länger zu verweilen, wollen wir nur erwähnen, dass jeder dieser Formen jeweils ein bestimmter Wert bzw. Unwert entspricht: für die Ästhetik *schön* und *hässlich*, für die Logik *wahr* und *falsch*, für die Ökonomie *nützlich* und *schädlich*, für die Ethik *gut* und *böse*. In jedem Bereich lässt sich nur das jeweils eigene Kriterium anwenden: Es hat also keinen Sinn, zu fragen, ob ein Gedicht wahr oder falsch, gut oder böse ist (usw.).

In unserem Zusammenhang kommen wir jedoch auf Croce zu sprechen vor allem im Hinblick auf das Problem der Wissenschaften: In seinem System werden die Naturwissenschaften aus dem Bereich des Wissens ausgeschlossen und auf das ökonomische Moment zurückgeführt. Das Wissen gehört in der Tat zur Philosophie und zur Geschichte, besser noch zur Philosophie als Geschichte, die allein die Trägerin des wahren Wissens ist. Diese Thesen vertritt Croce in seiner *Logik* (1905).

Die Zurückführung der Naturwissenschaften auf den Bereich des Praktischen und des Wollens kann man mit dem Pragmatismus in Verbindung bringen, der Ende des 19. Jahrhunderts in Amerika entstand und der das Wahre bestimmte als das, was zu zufrieden stellenden praktischen Konsequenzen führt. Croce ist mit Giambattista Vico (1668–1744) der Meinung, die einzige wirkliche Erkenntnis, die der Mensch haben könne, sei die Erkenntnis der Geschichte – sowohl deswegen, weil die Geschichte das Werk des Menschen ist und dieser in einer besonders ausgezeichneten Weise das erkennt, was er selbst macht, als auch deswegen, weil die Dinge der Natur ebenfalls in Wirklichkeit immer geschichtliche, individuelle Gegenstände und Ereignisse sind. Die Verallgemeinerungen der mathematisch-experimentellen Wissenschaften hingegen betrachten sie abstrakt und damit als immer gleich (wie die verräumlichte Zeit Bergsons), lediglich mit dem Ziel der Speicherung (im Gedächtnis) und der praktischen Verwendung. Das wirkliche Wissen ist das geschichtliche Wissen, das die Fakten in ihrer Punkthaftigkeit sammelt und in seinen Urteilen von den vier allgemeinen Kategorien (wahr, schön, gut, nützlich) Gebrauch macht, die den vier Momenten des Geistes entsprechen. Aber die Geschichte erkennt und urteilt in angemessener Weise nur dann, wenn sie die vier Kategorien richtig anwendet, und dazu bedarf sie der Philosophie, die also eine Methodologie der Geschichte ist. In dieser Sicht ist die Geschichte das Wissen von allem, was der Mensch hervorgebracht hat – oder auch der Bereich der Geisteswissenschaften. Bei Croce wird also eine Theorie des Vorrangs der Geisteswissenschaften vor den Naturwissenschaften entwickelt, die später nur wenige mit derselben Ausdrücklichkeit vertreten werden, die aber ein durchgängiges Thema der Philosophie des 20. Jahrhunderts bleibt und die noch heute zu den Themen gehört, die in der Diskussion sind – z. B. in der Hermeneutik (vgl. Kap. X).

III. Der Existenzialismus und die Suche nach der Authentizität

Der Existenzialismus gehört zu denjenigen Denkströmungen, die seit dem Beginn des Jahrhunderts (und schon vorher) das Problem des Verhältnisses zwischen Innerlichkeit, Seele, Freiheit des Einzelnen einerseits und der Rationalisierung des Lebens, die durch Wissenschaft und Technik herbeigeführt wird, andererseits intensiv entfaltet haben. Die Bezeichnung „Existenzialismus" ist von einer Idee abgeleitet, die von allen Autoren dieser Richtung geteilt wird, der Idee nämlich, dass der Mensch durch das Faktum des Existierens gekennzeichnet ist und nicht etwa dadurch, dass er ein immer gleiches Wesen verwirklicht. Wesen ist die Natur oder Eigenart einer Sache, die durch die Definition ausgedrückt wird. Aber niemand von uns fühlt sich angemessen verstanden, wenn man von ihm sagt, er sei ein vernunftbegabtes Lebewesen, ein Mensch weißer Rasse, ein Italiener usw. Das, was den Menschen charakterisiert, ist seine unwiederholbare Singularität, die zugleich seine geschichtliche oder, wie es auch heißt, existenzielle Konkretheit ist.

1. Kierkegaard: Wahl und Angst

Der erste Philosoph, der diese Themen (bereits Mitte des 19. Jahrhunderts) zur Geltung gebracht hat, war Søren Kierkegaard (1813–1855). Er ist eine Persönlichkeit, die schon durch ihre Biographie, durch die ungewöhnliche Art und Weise, wie er seine Werke publiziert (oft unter Pseudonym), für eine nichtakademische Idee der Philosophie steht: Für ihn ist die Philosophie nicht eine Wissenschaft, sondern eher eine Weise des Nachdenkens über sich selbst, der Ausdruck einer zutiefst persönlichen Sicht der Welt. (Ein ähnlicher Denker wird später Nietzsche sein.) Bezeichnend sind die Titel einiger seiner Hauptwerke: *Entweder–Oder* (1843), *Furcht und Zittern* (1843), *Stadien auf des Lebens Weg* (1845).

Wir heben aus dem Werk Kierkegaards die Begriffe „Wahl" und „Angst" hervor. Kierkegaard bemüht sich nämlich zu zeigen, dass das wesentliche Merkmal der menschlichen Existenz darin liegt, dass er sich vor Entscheidungen gestellt sieht, die absolut frei und also auch „grundlos" sind und deshalb Angst machen. Die Freiheit hat für ihn den Charakter eines Abgrunds. Wenn wir uns dessen bewusst werden, steigt die Angst auf, die zwar ein unangenehmes Gefühl ist, aber gleichzeitig auch zum Bewusstsein unserer Freiheit führt. Diese Freiheit wird vor allem dann ausgeübt, wenn es um die Entscheidung geht, von einem Stadium der Existenz (wie Kierkegaard es nennt) zu einem anderen überzugehen; bei ihnen gibt es nämlich keine mit Notwendigkeit ablaufende Entwicklung. Diese Stadien sind das ästhetische, das ethische und das religiöse (von dem in *Entweder–Oder* ausführlich die Rede ist). Das Beispiel für das erste Stadium ist die Gestalt des Verführers, des Don Juan. Für das zweite ist es der Ehemann, die Rolle des Assessors Guglielmo – eines Mannes, der Verpflichtungen übernimmt, nicht nur im Augenblick lebt und so die Langeweile und den Ekel des Ästhetikers vermeidet, der bloß dem Augenblick verhaftet ist. Das dritte Stadium ist das religiöse, für das Abraham als Beispiel steht: Er wird von Gott (vgl. *Furcht und Zittern*) gerufen, Isaak zu opfern; er wird gerufen zum Glauben, und das heißt zu einer nichtrationalen Wahl, zu einem Sprung heraus aus dem „Allgemeinen" und aus dem gesunden Menschenverstand, um einer Berufung zu folgen, die ganz und gar individuell und durch keine Garantien gedeckt ist.

Um die Tragweite dieser Thesen Kierkegaards zu verstehen, muss man sich klarmachen, dass er sein Denken in polemischem Gegensatz gegen diejenige Philosophie entwickelt, die damals (jedenfalls in den deutschsprachigen Ländern) die herrschende war, die Philosophie Hegels. Hegel (1770–1831) kennt man vor allem als den Philosophen der absoluten Vernünftigkeit des Wirklichen: Man zitiert immer wieder seine Behauptung, dass das Wirkliche und das Vernünftige identisch seien – während Hegel selbst eher eine Aufgabe anzeigen wollte: das Denken zu „verwirklichen" und das Wirkliche zu denken. Kierkegaard hebt diesen Aspekt der Hegelschen Lehre besonders hervor: eine als wesenhafte Struktur aufgefasste Wirklichkeit, die mit einer ihr eigenen Vernünftigkeit und logischen Folgerichtigkeit ausgestattet ist, welche sich in der Geschichte entfaltet. Diese ist wie eine Vorsehung, die alles lenkt und deren Ziel es ist, den absoluten Geist, d. h. die vollendete Freiheit, zu verwirklichen und dadurch die Fremdheit zwischen Mensch und Welt zu überwinden – man könnte sagen: die Welt zum Haus des Menschen zu machen. Weil dieser Prozess für Hegel so notwendig ist wie die Entfaltung eines Lehrsatzes – sonst wäre er nicht vernünftig –, spielt das Individuum darin eine Rolle, die in gewisser Weise bereits festgelegt ist. Wir glauben, frei zu handeln für unsere eigenen Zwecke, aber in Wirklichkeit tun wir nur das, was die allgemeine Vernunft von uns will, und zwar für ihre Zwecke. Hegel nennt das die „List der Vernunft", die sich der großen Männer bedient, um in der Geschichte ihren eigenen Plan zu verwirklichen. So dehnt beispielsweise Alexander der Große sein Reich nach Osten aus und glaubt dabei, einen eigenen Plan der Steigerung seiner Macht zu verwirklichen; aber in Wirklichkeit ist das, was er tut, nur ein Schritt auf dem Weg zu derjenigen Einheit der antiken Welt, die später die Verbreitung des Christentums begünstigen wird. Gegen diese Deutung der Geschichte im Sinne der Lenkung durch eine Vorsehung betonen Kierkegaard und der Existenzialismus den problematischen Charakter und die Unvorhersehbarkeit des Einzelnen und seiner Freiheit.

Wie man an den Grundthemen Kierkegaards sehen kann, impliziert eine Betonung der Freiheit gegen die Ansprüche des historistischen Rationalismus Hegelschen Typs auch die Entdeckung des Abgrundes der Freiheit und des religiösen Sinnes der Existenz. Das ist die Erfahrung Abrahams, die Erfahrung eines gelebten Augenblicks, in dem ein Einzelner sich gerufen fühlt zu einer Entscheidung, die über das voraussehbare „Normale" hinausgeht, das von allen verlangt wird: heroische Taten oder auch die Einsetzung einer neuen Moral, die Ankündigung einer prophetischen Position … Hier findet, in unseren Ausführungen, das Denken der Krise seinen Ort.

2. Die Theologie der Krise: Barth

Die Krise, um die es hier geht, ist eben der Augenblick der radikalen Entscheidung, die nach Meinung einiger Theologen, die sich auf Kierkegaard berufen, vom Menschen verlangt wird: Dieser wird, wie Abraham, von Gott gerufen, den Sprung in den Glauben hinein zu vollziehen. Der Hauptvertreter dieses Denkens ist Karl Barth (1886–1968). Barth entwickelt das Denken Kierkegaards in einem Sinne weiter, der sehr radikal mit dem Protestantismus verbunden ist. Für diesen erobert sich der Mensch das Heil bekanntlich nicht durch seine eigene Kraft, sondern empfängt sie von Gott, aus Gnade. Dieses Thema wird in besonderer Weise entwickelt in einem Brief des Apostels Paulus, nämlich im Römerbrief, den Barth in einer klassisch gewordenen Untersuchung (*Der Römerbrief*, 1919) kommentiert hat. Die Krise ist der Augenblick des Rufes, das Eingreifen Gottes, das den Menschen aus dem geordneten und ruhigen Ablauf seiner Existenz herausreißt. Die Popularität dieser Theologie im 20. Jahrhundert hängt – verständlicherweise – auch mit der Tatsache zusammen, dass es in der Neuzeit (wir kommen darauf noch zurück) für die Philosophie immer schwieriger geworden ist, die Beweise für die Existenz Gottes zu übernehmen, die die mittelalterlichen Denker gegeben hatten: Sie hatten Gott aufgefasst als Ursache der Welt oder auch als letztes Ziel, auf das alle Dinge hinstreben. Nach Kant ist es problematisch geworden, das Prinzip der Kausalität außerhalb der Welt der Erscheinungen, d. h. der nachprüfbaren Fakten, anzuwenden. Daher ergibt sich der Glaube an Gott für das in der Moderne vorherrschende Denken nicht durch einen logischen, rationalen Übergang, sondern erfordert einen Sprung von der Art, an die Kierkegaard dachte – und vor ihm Pascal, mit seiner Theorie der Wette um die Existenz Gottes.

3. Wahrheit und Kommunikation: Jaspers

Abgesehen jedoch von diesen theologischen Auffassungen – die freilich durchaus nicht marginal und auch für die Philosophie nichts Fremdes sind – ist der vielleicht typischste Vertreter des Existenzialismus des 20. Jahrhunderts Karl Jaspers (1883–1969): Er ist nämlich derjenige Denker, der den Themen und Problemen Kierkegaards weitgehend treu geblieben ist. Das, was die Existenz für Jaspers in erster Linie charakterisiert, ist die Tatsache, dass man sich „in einer Situation" befindet, dass man immer schon in einen Zusammenhang hineingestellt ist. Nun ist die Situation für Jaspers nicht nur eine Grenze, sondern die Wurzel jeder möglichen Erkenntnis des Seins. Das Sein als solches wird vom wissenschaftlichen, objektiven Wissen niemals erfasst: dieses erkennt stets individualisierbare Gegenstände. Das Sein ist dagegen wie ein Horizont, der sich immer weiter verschiebt, es ist das „Umgreifende". Wir erfassen es nie wie einen Gegenstand, der uns gegenübersteht, weil wir ja gerade in ihm stehen, weil wir situiert sind. Darinstehen bedeutet jedoch auch: zu ihm gehören, also die Möglichkeit haben, es zu erfassen, ohne es als äußeren Gegenstand zu erkennen. Aus diesem Grunde kann jeder Einzelne die Wahrheit nur dann wirklich erkennen, wenn er die eigene spezifische Individualität vertieft, die eben dasjenige ist, wodurch er in das Sein eingelassen ist. Aber indem sich jeder als individuelle Perspektive (an)erkennt, erkennt er auch die anderen an. Die Spannung zwischen mir und dem anderen ist unausweichlich: Ich verstehe meine Perspektive umso besser, je mehr ich sie mit anderen konfrontiere und von anderen unterscheide. Die authentische Erfahrung der Wahrheit ist nicht die Erfahrung eines Subjekts, dem ein Objekt entspricht, sondern impliziert eine Kommunikation mit dem anderen – und die gemeinsame Erfahrung einer Zugehörigkeit. Ein hochaktuelles Thema, das später eine bedeutende Schülerin von Jaspers, Hannah Arendt (1906–1975), weiterentwickeln wird, indem sie es auf die Theorie des politischen Handelns in der Gemeinschaft anwendet.

4. Der Mensch als geworfener Entwurf: Heidegger

Die Themen, die bisher in den Blick genommen wurden, zeigen schon, wie der Existenzialismus sich heute darstellt: „Pascalsche" Religiosität, Inanspruchnahme des Einzelnen, Kommunikation. Der existenzialistische Philosoph, der im Denken der letzten Jahre die größte Rolle spielt, ist jedoch Martin Heidegger (1889–1976). Aber das auch und vielleicht vor allem deswegen, weil er nicht nur Existenzialist geblieben ist. Auf Heidegger müssen wir daher später noch einmal ausführlich zurückkommen, ebenso wie auf einen anderen großen Philosophen, den Vordenker des französischen Existenzialismus, nämlich Sartre. Für den Augenblick wollen wir nur kurz deutlich machen, worin der spezifisch existenzialistische Zug des Heideggerschen Denkens besteht.

Alles dreht sich um den Gedanken des Menschen als Existenz, *Dasein*. Wie bei Jaspers bedeutet existieren: sich befinden in einer Welt, in einer Situation. Aber das, was für Heidegger das Dasein charakterisiert, ist das Entwerfendsein. Der Mensch ist nie ein Ding unter anderen: er ist ein Seiendes, für das es in seinem Sein um dieses Sein selbst geht. Er ist „geworfen" in eine Situation, er findet sich im Sein vor, aber er entwirft sich stets auf verschiedene Situationen hin; sein Entwerfen geschieht im Bewusstsein, dass eines gewiss ist, nämlich der eigene Tod; also handelt es sich um einen endlichen Entwurf. Der Mensch existiert als einer, der sich das Problem des Existierens stellt – und, allgemeiner, das Problem des Sinns des Seins. So interpretiert Heidegger auf eine persönliche, aber in der Tat keineswegs willkürliche Weise den Geist der Avantgarde und deren Problematik der Verteidigung der inneren Freiheit gegen den Druck der technisch-wissenschaftlichen Organisation der Welt. Wenn „Sein" – wie lange behauptet worden ist – gesicherte, berechenbare, technisch manipulierbare Objektivität bedeutete, ließe sich die Existenz des Menschen nicht als Sein denken. Die Existenz ist in der Tat Entwurf, Offenheit für die Zukunft, Erinnerung, Erwartung, Hoffnung, Furcht, Angst … All das ist in Begriffen der Objektivität und Berechenbarkeit nicht zu erfassen. Also muss man einen anderen Begriff des Seins denken, der weiter ist als der, der in unserer „objektivistischen" Mentalität gilt, die in der Neuzeit vom Modell des positiven Wissens nach Art der Wissenschaften beherrscht wird. Von hier aus entfaltet sich ein Nachdenken über den Sinn des Seins, das Heidegger zur Ausarbeitung einer Philosophie führt, auf die noch heute vielfältig Bezug genommen wird und die von den unterschiedlichsten Richtungen diskutiert wird. Darauf werden wir an späterer Stelle noch zu sprechen kommen.

IV. Die Schule des Verdachts: Von Marx zu Lukács

Als erstes wollen wir klären, was der (ein bisschen rätselhafte) Titel dieses Kapitels mit unserem Leitthema zu tun hat: also mit dem Verhältnis zwischen „Innerlichkeit" und Freiheit einerseits und der Welt der technisch-wissenschaftlichen Rationalität andererseits. „Schule des Verdachts" ist ein Ausdruck, der von Nietzsche stammt; aber er passt auch für Marx. Es geht um Fragen wie diese: Was wäre, wenn einer der beiden Seiten des Verhältnisses, das uns interessiert, die „Innerlichkeit", nicht „zuverlässig" wäre, wenn sie zum Beispiel nicht etwas „Letztes" wäre, sondern schon vom anderen geformt? Kann man die Beziehung des Menschen zur Welt wirklich in den räumlichen Begriffen des Inneren (der Intimität) und des Äußeren (der sozialen Beziehungen) denken? Und was ist überhaupt diese „Innerlichkeit", die wir behaupten und verteidigen wollen gegen die Angriffe der (tendenziell) totalen Organisation?

Wir wollen in diesem und im folgenden Kapitel zwei Weisen unterscheiden, dieses Problem zu entfalten: eine, die ihr Augenmerk vor allem auf die sozio-ökonomischen Bedingungen richtet, die auf die „Innerlichkeit" Einfluss ausüben (Marx); und eine andere (Nietzsche), die einen Abbau dieser „Innerlichkeit" unternimmt, der sehr viel radikaler und auch beunruhigender ist.

1. Der Marxismus und seine Klassiker: Marx und Engels

Beim Marxismus darf man nicht vergessen, dass er nicht nur eine Schule philosophischen Denkens gewesen ist, sondern auch eine politische Strömung, die großen Einfluss auf die Geschichte des 20. Jahrhunderts ausgeübt hat. Aber auch wenn wir uns diese Tatsache bewusst machen – wir werden hier nicht die historische Entwicklung der Themen des Marxismus in den verschiedenen Werken und bei den verschiedenen Autoren entfalten, sondern wollen auf systematische Weise einige Schlüsselbegriffe vorstellen. Eine ausführliche Geschichte der Autoren und Werke hätte eine weit ausholende Berücksichtigung der sozialen und politischen Geschichte des 19. und 20. Jahrhunderts erfordert.

Der Marxismus lässt sich nicht trennen von der Geschichte der Arbeiterbewegung. Eine der Verbindungslinien, die am häufigsten erwähnt werden, auch in politischen Reden, ist die des Marxismus mit der Geschichte der Sozialistischen Internationale. Die *Internationale Arbeiter-Assoziation*, die 1864 in London gegründet wurde, zählte Karl Marx zu ihren wichtigsten Anregern. In den verschiedenen Phasen ihrer Existenz wurde sie mehrfach auf jeweils verschiedener Grundlage neu gegründet. Das jeweilige Schicksal der Internationale hat auch in der Entwicklung der marxistischen Theorie Spuren hinterlassen, aber vor allem ist es verbunden mit bestimmten Wendepunkten in der Geschichte der westlichen (und nicht nur der westlichen) Welt.

Das theoretische Instrumentarium des Marxismus dagegen wurde in den Werken von Marx (1818–1883) geschaffen: an erster Stelle *Das Kapital* (1867 ff., die letzten beiden Bände posthum 1885 und 1894) und die *Ökonomisch-philosophischen Manuskripte* von 1844 (erschienen erst 1932). Manche Werke von Marx sind in Zusammenarbeit mit Friedrich Engels

(1820–1895) entstanden, so das *Manifest der kommunistischen Partei* (1848), *Die Heilige Familie* (1845) und *Die deutsche Ideologie* (ebenfalls erst 1932 erschienen). Engels schlug freilich später einen anderen Weg ein, indem er versuchte, aus dem Marxismus eine Philosophie der Natur abzuleiten und nicht nur eine Philosophie der Geschichte. In der *Dialektik der Natur* (publiziert erst 1925 in der UdSSR) werden die Gesetze der Hegelschen Dialektik, die Marx herangezogen hatte, um den Verlauf der Geschichte zu verstehen, als wissenschaftliche Gesetze aufgefasst, mit denen sich das Sein der Natur erklären lässt. Während Engels also einen Materialismus entwickelt, der unter dem Einfluss des Positivismus steht, bleibt für Marx der Bereich der Geschichte das zentrale Forschungsfeld, wie es dem Ansatz der (freilich – wie Marx sagt – vom Kopf auf die Füße gestellten) Hegelschen Philosophie entspricht.

2. Schlüsselbegriffe des Marxismus

In diesen Bereich gehören auch die Schlüsselbegriffe des Marxismus: „Ideologie", „historischer und dialektischer Materialismus", „Kapitalismus" und „Proletariat".

A) Ideologie

Dieser Begriff ist unter denen, die der Marxismus in Umlauf gebracht (allerdings nicht erfunden) hat, sicherlich einer der populärsten. Ursprünglich, im 18. Jahrhundert, bezeichnete er die Wissenschaft von der Weise, wie sich Ideen bilden. Heute benutzen wir den Ausdruck mehr oder weniger im Sinne von „falsches Bewusstsein": kein schuldiges Bewusstsein oder schlechtes Gewissen, im Gegenteil ein Bewusstsein, das seiner selbst sicher ist, aber das nicht sieht, dass es historisch abhängig ist von ökonomisch-sozialen Verhältnissen, deren Projektion oder, wie man auch sagt, Überbau es ist. Dieser Begriff wird von Marx ausgearbeitet im Ausgang von einer Kritik des Hegelschen Idealismus (das war, wie man sich erinnern wird, auch der Ausgangspunkt Kierkegaards).

Nach Hegels Tod hatte sich die Hegelsche Schule in zwei große Lager gespalten, die Rechte und die Linke – in Anlehnung an die Bezeichnungen, die damals, mehr oder weniger im selben Sinne wie heute, im französischen Parlament üblich waren. Die Rechte ist der Ansicht, Hegel befinde sich in Übereinstimmung mit dem christlichen Glauben – mit den Dogmen der Trinität, der unsterblichen Seele, sogar mit dem der Menschwerdung Gottes. Die Linke treibt die Philosophie Hegels voran bis zu einer Ablehnung des Christentums, weil dieses im Zuge der Entwicklung des Geistes durch die Philosophie überwunden sei. In eben diesem Rahmen entwickelt Ludwig Feuerbach (1804–1872) eine Kritik der Religion: Gott ist der entfremdete Mensch, d. h. das Bild der Vollkommenheit, die der Mensch gerne besitzen würde und die er aus sich herausprojiziert. Marx nimmt diese Ideen Feuerbachs auf; und ebenso übernimmt er von Hegel den Gedanken, dass die Geschichte die Geschichte des Menschen ist, der sich selbst zu dem macht, was er ist, der der Baumeister der eigenen Wahrheit und der eigenen Befreiung ist, der durch die Arbeit die Welt zu seiner Wohnung macht.

Zusammen bereiten diese beiden Einflüsse den Boden für Marx' Gedanken, dass die Formen des Geistes (wie die Religion, aber auch die Kunst, die Philosophie, die politischen Strukturen) ideelle Konstruktionen sind, Projektionen der konkreten ökonomischen Realität auf eine höhere Ebene. Im Gegensatz zu Feuerbach (und in Anlehnung an die Auffassung

Hegels) besteht die konkrete Realität für Marx nicht in der sinnlichen Leiblichkeit, sondern im historisch-sozialen Zusammenhang der ökonomischen Beziehungen. Die ideellen Vorstellungen, die Projektionen der konkreten Verhältnisse auf die Ebene geistiger Konstruktionen sind – wie z. B. der Gott Feuerbachs –, sind Gestalten der Entfremdung, d. h. des Fremdwerdens sich selbst gegenüber. Der Ausdruck wird bei Hegel verwendet, um die Phasen zu bezeichnen, in denen sich der Geist in seinen Werken (und in der Natur, denn auch sie ist ja nichts anderes als entfremdeter Geist) entäußert und objektiviert (vergegenständlicht), um sich schließlich bei sich selbst wiederzufinden. Bei Feuerbach besteht die Entfremdung darin, sich dem Gott zu unterwerfen, den der Mensch selbst hervorgebracht hat. Bei Marx ist Objektivation nicht unbedingt Entfremdung (sondern nur in den Ausbeutungsverhältnissen des Kapitalismus); aber Ideologie ist Entfremdung, weil sie eine unbewusste Projektion der Beziehungen im Bereich der Warenproduktion auf eine ideelle, geistige Ebene ist.

An diese Begriffe der Ideologie und der Entfremdung lassen sich auch die (leicht verständlichen) Begriffe „Basis" und „Überbau" anknüpfen: Ideologien sind Überbau, ihre Wahrheit ist die Basis, d. h. die konkreten historisch-ökonomischen Verhältnisse. Zum Überbau gehören auch die Hervorbringungen der Kultur im weiteren Sinne: zum Beispiel der Staat mit seinen Institutionen – im Verhältnis gesehen zur bürgerlichen Gesellschaft, die ihn aufbaut und am Leben erhält.

B) Historischer Materialismus und dialektischer Materialismus

Feuerbach hatte vorgeschlagen, vom Menschen als einem leiblichen und sinnlichen, *materiellen* Wesen auszugehen. Auch Marx geht von der Materialität aus, aber diese besteht in der Konkretheit der Geschichte, nicht in der abstrakten und immer gleichen Körperlichkeit des Einzelnen. Damit ist bereits mehr oder weniger der Inhalt des Begriffs „historischer Materialismus" umrissen. Das, wovon die Ideologien unbewusste und deshalb falsche Projektionen sind (in dem Sinne, dass sie bestimmte Verhältnisse widerspiegeln, aber sich selbst für schlechthin wahr oder universal gültig halten), ist eine Situation, die in der Geschichte geworden ist. Das bedeutet unter anderem, dass hier kein „vulgärer" Materialismus oder Determinismus behauptet wird, dem zufolge alles von einer feststehenden Materialität abhängig wäre (nämlich dem endlichen und sinnlichen Wesen des Menschen). Auch die Basis (die Beziehungen im Bereich der Warenproduktion) wird ihrerseits durch den Überbau, d. h. durch die Kultur und die in der Geschichte gewordenen Institutionen, beeinflusst und verändert. In der Geschichte des Marxismus wird üblicherweise der historische Materialismus vom dialektischen Materialismus unterschieden und diesem oft auch entgegengesetzt. Bei Hegel ist die Dialektik das Gesetz, das das Einzelne mit dem Ganzen, das heißt dem „Konkreten", verknüpft; das isolierte Einzelne hingegen ist „abstrakt". Genau das meint Marx: Es gibt eine Dialektik im historischen Materialismus, und zwar in dem Sinne, dass die Wahrheit der Ideologie enthüllt wird, wenn man sie dialektisch werden lässt, d. h., indem man sie zu der Situation in Beziehung setzt. Und die Situation selbst wird neu aufgebaut, in ihren verschiedenen Elementen: auch das auf eine dialektische Weise. Dialektischer Materialismus meint dagegen eine eigentümliche Ausweitung der historischen Dialektik auf die Natur: Engels glaubt, wie schon erwähnt, auf der Basis der Dialektik auch den ganzen Kosmos der Formen der Natur rekonstruieren zu können. Diese Thesen werden später drückende Folgen für viele Teilbereiche der sowjetischen Wissenschaft haben und ihnen in der Stalinzeit die Zwangsjacke des Dogmatismus auferlegen.

C) Kapitalismus und Proletariat

Der historische Materialismus lehrt die konkreten Verhältnisse der Existenz als materielle Verhältnisse zu sehen, die in der Geschichte geworden sind. Die klassische politische Ökonomie (d. h. vor allem Adam Smith und Ricardo) betrachtet nach Marx die ökonomischen Gesetze so, als wären sie Naturgesetze, oder wie den Sonnenaufgang, d. h. sie betrachtet sie auf naturalistische Weise. Andere beschränken sich darauf, ihre Ungerechtigkeit zu beklagen. Man muss sie jedoch wissenschaftlich untersuchen, und zwar vom Standpunkt des historischen Materialismus aus. Marx tut das, indem er (im *Kapital*) den Begriff der Ware analysiert. Der Wert der Ware – so hatten schon die Klassiker gesagt – besteht in der Arbeit, die sie verkörpert. Aber der Wert der Ware kommt nicht vollständig dem Arbeiter zugute: Wer zehn produziert, bekommt nur, nehmen wir an, fünf, und das heißt in den konkreten Verhältnissen: nur die Mittel zur Erhaltung und Reproduktion der eigenen Arbeitskraft, zur Aufrechterhaltung der eigenen Existenz. Der Rest geht an den Kapitalisten, der das Geld für die Maschinen vorschießt und den Profit wieder investiert. Darin besteht der so genannte Mehrwert. An die Stelle des Kreislaufs Ware-Geld-Ware tritt im Kapitalismus der Kreislauf Geld-Ware-Geld. Im ersten Fall ist das Geld ein Mittel, um eine Sache zu erwerben, sein Wert wird bestimmt durch den Gebrauch, den man von ihm macht. Im zweiten Fall, also im Kapitalismus, ist das Geld das Ziel einer Akkumulation, die durch den Kauf und Verkauf von Waren zustande kommt. Deshalb hat der Kapitalismus die Tendenz zu immer weiterem Wachstum: Wer hat, investiert und bekommt immer mehr. Darin besteht die Geschichte der modernen Produktion. Dabei werden die Arbeiter zu Proletariern. (Proletarier ist einer, dessen einziger Reichtum seine Nachkommen – lateinisch *proles* – sind.) Tendenziell werden zu gegebener Zeit alle (oder fast alle) Proletarier sein – und nur ganz wenige Kapitalisten: So reifen die Voraussetzungen der Revolution heran. Sie wird auch, auf konkretere Weise, durch den Massencharakter der modernen Industrie vorbereitet. Er schafft die Bedingungen, unter denen das Klassenbewusstsein des Proletariats sich ausbildet.

3. Marxismus und Marxismen

Das, was wir bisher skizziert haben, ist ein Gerüst der Schlüsselbegriffe des Marxismus von Marx selbst (und von Engels). Wie gesagt, bilden sich in der tatsächlichen Geschichte der sozialistischen und kommunistischen Bewegung auch Modifikationen, Neuerungen und unterschiedliche Akzentsetzungen innerhalb der Lehre heraus. Entscheidend für das Schicksal der Bewegung ist natürlich der Sieg der kommunistischen Revolution und die Entstehung der UdSSR im Jahre 1917. Von diesem Zeitpunkt an wird das Theoriegebäude des Marxismus starrer – eine Folge der Nähe zur praktischen Ausübung politischer Macht. Vor allem in Auseinandersetzung mit diesem Ereignis beginnt sich die Strömung herauszulösen, die man als „westlichen Marxismus" bezeichnet. Einer seiner klassischen Vertreter ist der Ungar György Lukács (1885–1971).

Wodurch lässt sich der westliche Marxismus, wie er von Lukács und anderen Autoren vertreten wird, charakterisieren? Vor allem durch die Betonung der kritischen Distanz gegenüber dem konstruktiven und orthodoxen Marxismus, wie er in der UdSSR triumphiert. Das schönste Buch von Lukács ist wohl *Geschichte und Klassenkampf* (1923), das gerade für diese Einstellung des westlichen Marxismus ein großartiges Beispiel darstellt. Meistens zeigt sich, hier und bei anderen Autoren wie Karl Korsch (1886–1961), eine Betonung der humanistischen Elemente des Marxismus, wie sie in den (schon erwähnten) Marxschen *Manuskripten* von 1844 enthalten sind. Lukács hat allerdings später orthodoxere Positionen vertreten, die den offiziellen Thesen des sowjetischen Marxismus näher standen. In diese Phase gehört zum Beispiel *Die Zerstörung der Vernunft*, ein Buch, das die gesamte künstlerische und philosophische Kultur der bürgerlichen Avantgarde als dekadent, irrationalistisch und typisch für die Epoche des Imperialismus brandmarkt: Kafka, Joyce, Heidegger werden als Beispiele genannt.

Der vielleicht letzte bedeutende Vertreter des westlichen Marxismus war Antonio Gramsci (1891–1937). In seiner langen Haft während der faschistischen Herrschaft durchdenkt er konkrete Möglichkeiten einer Revolution in Italien; und aus der Erfahrung der Ergebnisse und der Grenzen der sowjetischen Revolution, ferner mit den Mitteln, die ihm das Studium der Arbeiten von Vico und Croce an die Hand gegeben hatte, entwickelt er bedeutende Gedanken über das Verhältnis zwischen dem Staat und der bürgerlichen Gesellschaft, besonders im Hinblick auf die Probleme der Macht und des Überbaus. Es genügt nach Gramscis Ansicht nicht, die Macht im Staat an sich zu reißen mit den Methoden, zu denen Lenin die Theorie geliefert hat, nämlich durch das organisierte und disziplinierte Handeln einer Partei, die die bewusste Avantgarde der Arbeiterklasse sein soll; man muss vielmehr im Gewebe der bürgerlichen Gesellschaft eine Hegemonie errichten.

Hier kommt die Rolle der Intellektuellen ins Spiel, denen die entscheidende Aufgabe der Formung eines kollektiven Bewusstseins zukommt, das fähig ist, die Umgestaltung der Gesellschaft ins Werk zu setzen. An Gramscis Gedanken der Hegemonie – der dem Lenins von der Ergreifung der Macht durch eine straff organisierte Minderheit entgegengesetzt wird – wird sich dann die Politik der kommunistischen Partei im Italien der zweiten Hälfte des 20. Jahrhunderts orientieren, eine Politik, die darauf ausgerichtet ist, die Macht auf dem Weg des demokratischen Konsenses zu erlangen.

Charakteristisch für Gramsci ist auch die Auffassung des Marxismus als „Philosophie der Praxis" oder (besser gesagt) des verändernden Handelns – und nicht als Wissenschaft vom notwendigen Verlauf der Geschichte, wie das in anderen, deterministischeren Spielarten des Marxismus der Fall war. Überhaupt (das gilt für Lukács ebenso wie für Gramsci) bringt man der Tradition der bürgerlichen Kultur mehr Beachtung entgegen – einer Tradition, die es nicht zu zerstören, sondern beim Übergang zur neuen, kommunistischen Gesellschaft in neuer Weise zu schätzen gilt: Als die führende Klasse der neuen Gesellschaft tritt das Proletariat damit auch das Erbe der Bourgeoisie an, und es hat daher die Aufgabe, den besseren Teil ihres kulturellen Vermächtnisses zu bewahren – jetzt, wo diese das Recht verloren hat, eine führende Rolle zu spielen.

Freilich haben (wie man weiß) zum einen die sozialen und ökonomischen Veränderungen im Industrieproletariat und zum anderen die Geschichte des Kommunismus in der UdSSR viele dieser Ideen in die Krise geführt. Der Marxismus ist sicherlich nicht tot; aber heute erscheint er, wenn man ihn neu und undogmatisch sieht, als eine – freilich wesentliche – Lehre unter anderen.

V. Die Schule des Verdachts:
Von Nietzsche zu Freud

Im Zuge ihrer Beschäftigung mit dem Problem des Verhältnisses zwischen der freien Individualität einerseits und der durchorganisierten und rationalisierten sozialen Welt andererseits hat die Philosophie im Übergang vom 19. zum 20. Jahrhundert die Erforschung des ersten Pols vertieft, also die des Ich. Marx hatte bereits die Aufmerksamkeit darauf gelenkt: Wenn Ideologie falsches Bewusstsein ist, dann gibt es Gründe, dem Ich zu misstrauen, auch wenn es seiner selbst sicher sein zu dürfen glaubt. Aber seinen Analysen lag trotzdem immer noch die Vorstellung zugrunde, dass das falsche Bewusstsein abgelöst werden könne durch ein „wahres", befreites Bewusstsein – vielleicht nicht nur durch die Theorie, aber durch die Revolution, also dadurch, dass es die Gesellschaft verändert. Die Autoren, die wir jetzt in den Blick nehmen, Nietzsche und Freud, ziehen schließlich auch das in Zweifel: Eine ihrer Grundthesen (das gilt besonders für Nietzsche) besteht darin, dass das Bewusstsein, die Selbstgewissheit des Subjekts, niemals sicher sein kann, die Wahrheit zu besitzen im Sinne einer objektiven Widerspiegelung von Sachverhalten. Und das kann natürlich dazu führen (wie es in der Tat bei Nietzsche der Fall ist), dass auch die Auffassung der Wahrheit selbst als einer objektiven Beschreibung von Sachverhalten schließlich revidiert werden muss.

1. Nietzsche

A) Kritik der Kultur

Friedrich Nietzsche (1844–1900) ist von Haus aus klassischer Philologe; und es mag sein, dass seiner Kulturkritik die Distanz zugrunde liegt, die Nietzsche als Philologe gegenüber der Kultur seiner Zeit empfindet. Seine Epoche erlebt bereits die ersten Phänomene der Massenkultur – Tendenzen der Banalisierung, Verlust an kreativer Vitalität usw. Die Welt, die ihn prägt, in den 60er und 70er Jahren des 19. Jahrhunderts, ist die Welt des Positivismus, der Wissenschaftsgläubigkeit, des beginnenden Sozialismus. In diesem Zusammenhang kritisiert er die Wahrheitsansprüche der Wissenschaften und die Absolutheitsansprüche der „menschlichen Werte": *Menschliches Allzumenschliches* (1878), so lautet der bezeichnende Titel eines seiner Werke. Die angeblichen Werte sind bloß Lügen; denn wenn man die psychologischen Beweggründe der altruistischen Handlungen aufsucht, findet man nichts anderes als den Egoismus. Und das Wahre ist nichts anderes als ein soziales Faktum. Ein anderer bezeichnender Titel ist der des Nachlasstextes *Über Wahrheit und Lüge im außermoralischen Sinne* (1873, posthum erschienen): Die Wahrheit zu sagen heißt nichts anderes, als nach den sozialen Regeln der vorherrschenden Sprache zu lügen. Da schon jedes Wort lediglich eine Metapher ist, die nicht über ein notwendiges und verbürgtes Band zum Sein der Sache verfügt, kann das Reden keinen Anspruch auf objektive Wahrheit erheben. Jedes Wort ist ein Bild, das unsere subjektive Reaktion auf die Dinge zum Ausdruck bringt; in der sozialen Kommunikation setzen sich die Metaphern – also die Sprache – derjenigen durch, die über die anderen herrschen, und diese Sprache reduziert die Sprachen der Beherrschten zu „bloßen Metaphern", zu subjektiven Ausdrucksformen, die in den Bereich der Poesie verbannt bleiben. Die Lüge „im außermoralischen Sinne" ist also die Notwendigkeit, die Metaphern der Sieger zu gebrauchen, die ihre Rechtmäßigkeit durch nichts anderes ausweisen können als durch die Gewalt derjenigen, die sie den anderen aufzwingen.

B) Der Rationalismus von Sokrates bis Hegel

Die Herausbildung der gegenwärtigen Welt, die dekadent und nicht mehr kreativ ist und nur noch damit beschäftigt, die Vergangenheit zu wiederholen und zu konservieren, beruht nach Nietzsche auf dem Triumph einer rationalistischen Sicht der Dinge, deren Ursprung auf Sokrates zurückgeht. Vor Sokrates und der griechischen Klassik des 5. und 4. Jahrhunderts v. Chr. soll das Denken der Griechen und die Tätigkeit, durch die sie die schönen Gestalten ihrer Kunstwerke schaffen, als Schutz dienen gegen die Flüchtigkeit, die ihre Wahrnehmung des Lebens bestimmt. Die griechische Kunst übersteigt nach Nietzsches Ansicht (und so hatte es schon Winckelmann verstanden) die Materialität des Körpers und die Partikularität des Schicksals, sterben zu müssen. Das gelingt ihr, indem sie die Gestalt der allseitigen Vollkommenheit, der Heiterkeit und der Vollendung sichtbar vor Augen stellt. Aber das ist nur einer der beiden Antriebe des griechischen Geistes, der apollinische Antrieb, der dazu hinleitet, in fest umrissenen Formen Zuflucht zu suchen. Der entgegengesetzte Antrieb, den Nietzsche „dionysisch" nennt, geht hervor aus dem Bewusstsein des unwiederbringlichen Verrinnens der Zeit, des Rhythmus von Geburt und Tod und konstituiert sich durch die Wahrnehmung der Macht des Vitalen. Die wahre Wirklichkeit ist die chaotische und irrationale Energie, durch die das Leben nur danach strebt, sich mit allen Mitteln durch-

zusetzen. Die Hervorbringungen des Menschen (von den sozialen Konventionen bis zu den Werken der Kunst) sind
Schein und Illusion, die gerade darum geschaffen werden, um
der Angst und der Gewalt des Lebens und des Todes zu wider-
stehen. Diese Vorstellung Nietzsches von der Wirklichkeit als
einem chaotischen Leben noch vor aller Rationalität stammt
von Arthur Schopenhauer (1788–1860) her.

Von Schopenhauer nennen wir den (ebenfalls programmatischen) Titel seines Hauptwerks: *Die Welt als Wille und Vorstellung* (1819). Die festen Gestalten, die Erscheinungen, in
die sich die Welt gliedert, sind die Ergebnisse einer Operation,
durch die die Vernunft – nach ihren konstitutiven und bei allen gleichen Schemata (Kants „Formen a priori") – die Sinnes-
daten organisiert. Aber außerhalb und vor dieser vernunft-
mäßigen Organisation sind die Dinge in sich selbst nichts
anderes als Wille zum Leben. Zum Bewusstsein davon gelangt
man nach Schopenhauer dadurch, dass man auf die Erfahrung
reflektiert, die jeder von seinem eigenen Ich macht: Dieses ist
zwar auch etwas Körperliches und ein Gegenstand unter anderen Gegenständen, also eine Erscheinung in der Welt; aber das
Ich erfasst sich auch von innen, und dann enthüllt es sich als
bloßer Wille zu leben. Die Themen des Kampfes ums Dasein
und des vitalen Antriebs werden präsent bleiben, nicht nur in
der Philosophie Nietzsches und in den evolutionistischen
Theorien, sondern auch in zahlreichen irrationalistischen
Theorien des 19. und 20. Jahrhunderts.

Also: Die vorklassischen Griechen waren sich mehr oder
weniger der tiefen Irrationalität des Ganzen bewusst. Dann be-
hauptete Sokrates, dessen Denken sich vor allem auf die Moral
und die Gerechtigkeit richtete, der Gerechte habe nichts zu be-
fürchten, weder in diesem Leben noch nach dem Tod; er
führte also die Vorstellung ein, dass die Wirklichkeit von einer
Vernunft regiert wird, dass es Gesetze des Wirklichen gibt, die

der Geist erkennen kann, indem er sich ihnen anpasst. So entstehen die Wissenschaft und die rationale Moral, während der Mythos und die griechische Tragödie untergehen. – Das sind die Thesen, die Nietzsche in seinem ersten großen philosophischen Werk *Die Entstehung der Tragödie aus dem Geiste der Musik* (1872) entwickelt.

Die Neuzeit hat dann die sokratische Idee der Rationalität der Dinge und der natürlichen Welt auf die Geschichte ausgeweitet: Auch die Geschichte hat rationale, aber eben dadurch auch notwendige Gesetze (vgl. Kap. III zu Hegel). Wenn er jedoch dieser Auffassung anhängt, bringt der Mensch keine Geschichte mehr hervor und unternimmt keine Initiativen mehr, da ja alles mit Notwendigkeit geschieht; oder – auch wenn er nicht an Hegel und an die Lenkung des Prozesses durch eine Vorsehung glaubt – er glaubt doch an den Prozess, daran, dass alles und jedes vorübergeht, so dass es sich nicht lohnt, irgendetwas aufzubauen. Das ist das, was Nietzsche in einer Schrift mit dem Titel *Vom Nutzen und Nachteil der Historie für das Leben* (1874) Dekadenz oder auch „historisches Fieber" nennt.

C) Wiedergeburt des Tragischen? Wagner

Um aus der Dekadenz herauszufinden, müsse man, so denkt Nietzsche zunächst, eine Wiedergeburt der griechischen Tragödie und desjenigen Geistes initiieren, der sie erfüllte. Und er ist der Meinung, dass dies durch das Werk Richard Wagners (1813–1883) geschehen könne, das er (wie übrigens Wagner selbst auch) als ein großartiges gesellschaftliches Faktum versteht, das fähig sei, ein von allen geteiltes mythisches Bewusstsein wiederzuerwecken. Wagner dachte über seine eigene Arbeit in Begriffen einer allgemeinen Erneuerung der Kultur (bis 1870 in einem ähnlichen Geiste wie die revolutionären Bewegungen von 1848; vgl. seine Schrift *Das Kunstwerk der Zukunft*, 1849). Im Hinblick auf dieses Projekt waren die Festspiele von Bayreuth ins Leben gerufen worden, ein großes Sommerfestival, bei dem Wagners Opern aufgeführt werden. Es fand erstmals 1876 statt (und besteht auch heute noch). Es begann aber bald zu einem Treffen von begeisterten Anhängern zu werden, wo sich auch die abgehoben-phantastischen Elemente des Wagner vorschwebenden „Gesamtkunstwerks" entfalten konnten – mit Wirkungen, die Nietzsche, als er zu dem Musiker auf Distanz ging, als „halluzinatorisch" einschätzte. Im Jahre 1878 bricht Nietzsche endgültig den persönlichen Kontakt mit Wagner ab und gibt gleichzeitig den Glauben auf, man könne die tragische Kultur mittels der Kunst (und insbesondere derjenigen Wagners) erneuern.

D) Nihilismus und Übermensch

Nietzsche arbeitet stattdessen eine Reihe von Ideen aus, die seine reife Philosophie ausmachen werden, welche sich in *Also sprach Zarathustra* (1883–1885) ankündigt. Nicht mehr der Versuch, die tragische Kultur wieder aufzurichten, schwebt ihm jetzt vor, sondern der Nihilismus, auf den nach seiner Ansicht die europäische Kultur zuläuft: Diesen gilt es bis zum Äußersten zu treiben, indem man ihre Errungenschaften ins Gegenteil verkehrt. Der Ausdruck „Nihilismus" wurde im 19. Jahrhundert durch einen Roman von Iwan Turgenjew populär: *Väter und Söhne* (1862) – ein sehr schöner Roman, in dem „Nihilismus" die Einstellung der jungen Russen bezeichnet, die im Geist der Aufklärung und des Positivismus erzogen worden sind und (auch durch terroristische Gewalt) die alten, feudalen Institutionen zerstören wollen. Bei Nietzsche bekommt der Ausdruck einen wörtlicheren Sinn, der stärker rückgebunden ist an das lateinische *nihil*, das „nichts" heißt. Was der Begriff bedeuten soll, lässt sich verdeutlichen an einem schönen Passus aus der *Götzendämmerung* (1888), der den Titel trägt „Wie die »wahre Welt« zur Fabel wurde". Die „wahre Welt", die zur Fabel wird, ist diejenige der rationalen Strukturen des Sokrates, die sich nach und nach als eine „Setzung" des Menschen enthüllt: der Gesellschaft (das Wahre als gesellschaftliche Lüge) und des Einzelnen auf der Suche nach Absicherung. Die großen rationalistischen Visionen sind mehr oder weniger so etwas wie eine magische Erfindung, um sich im Chaos der Gesellschaft, die noch nicht rational organisiert ist, Sicherheit zu verschaffen. Diese Visionen bringen, indem sie zu etwas allgemein Geglaubtem werden, tatsächlich soziale Ordnung, Technologie, Organisation und Sicherheit hervor. Daher sind sie am Schluss nicht mehr notwendig, nach und nach zeigt sich die „Lüge", die in ihnen liegt, und es kommt ans Licht, dass sie sich auf *nichts* reduzieren. Das ist die Geschichte des „Todes Gottes", der, wie Nietzsche meint, von den Gläubigen durch äußerste Religiosität umgebracht worden ist (die Pflicht, nicht zu lügen, ist von ihm selbst auferlegt …). In der zur Fabel gewordenen Welt, der Welt des toten Gottes (aber es ist nur der „moralische Gott", der tot ist – tot ist Gott als der Garant der Ordnung, der auch vielen heutigen Theologen und Gläubigen missfällt), muss der Übermensch geboren werden: ein Mensch, der fähig ist, ohne objektive Sicherheiten auszukommen, immer neue Wertsysteme und neue symbolische Formen zu erfinden, also neue Weisen, die Dinge zu benennen und die Erfahrung zu ordnen. Dieses „übermenschliche" Verhalten, dieses Verhalten jenseits des Menschen nennt Nietzsche aktiven Nihilismus – im Gegensatz zu dem reaktiven, der in der Trauer und in der Klage um die verlorenen Werte und Sicherheiten besteht. Die Erfindung neuer Lebensformen bringt zweifellos Konflikte zwischen den so erfundenen Wertsystemen mit sich. Aber, so dürfen wir denken, es handelt sich nicht um Konflikte zwischen willkürlichen Bestrebungen, sondern zwischen Interpretationen, die zum Konsens finden auf der Basis der überzeugendsten Argumentation. Auf diesen Konflikt weist der Ausdruck „Wille zur Macht" hin, der als Titel eines systematischen Werkes dienen sollte, das Nietzsche in einer bestimmten Phase während der letzten Jahre seines bewussten Lebens (er wurde im Jahre 1889 wahnsinnig) plante und das er dann nicht veröffentlichte; er hinterließ jedoch eine große Zahl von Notizen, die dann posthum erschienen sind.

Die Idee der Wahrheit als einer Produktion von Symbolen ist nicht als bloße Provokation aufzufassen. Heutzutage ist die Überzeugung weit verbreitet, dass die Wahrheit eher ein soziales Faktum (so denkt, wie wir weiter unten noch sehen werden, der wissenschaftstheoretische Konventionalismus) oder eine „Setzung" des Menschen – wenn auch nicht des Einzelnen – ist (das behauptet z. B. der Pragmatismus) als eine „objektive" Widerspiegelung dessen, was uns von außen gegeben ist. Zwar ist Nietzsche auch von den Nationalsozialisten „benutzt" worden, denn eine „gewalttätige" Lesart ist bei einigen seiner Begriffe möglich, und vielleicht ist sie auch in seinem eigenen Sinne – auch wenn es z. B. nicht wahr ist, dass er Antisemit gewesen wäre, wie die Nazis glauben machen wollten. Die Reichweite seiner Themen geht aber jedenfalls über solche Lesarten hinaus.

Die Gedanken Nietzsches bis zum „Willen zur Macht" legen uns nahe, die Wahrheit als „Spiel der Interpretationen" zu verstehen. Dieser Punkt führt uns zu unserem generellen Leitfaden zurück: dem Insistieren auf dem Recht der Innerlichkeit und der geisteswissenschaftlichen Kultur gegen die Ansprüche der (Natur-)Wissenschaften und der Werte, die sich für in den Dingen selbst gegründet halten. Die innere Stimme des Gewissens ist freilich auch nicht mehr die letzte Instanz und der natürliche Maßstab aller Dinge, sondern auch selbst das Ergebnis einer Interpretation. Das ist der Sinn der von Nietzsche vertretenen These, dass der Nihilismus dasjenige sei, worauf sich unsere Kultur zubewegt: nicht also in einem katastrophischen und negativen Sinne. Es geht lediglich darum, die Wahrheit letzten Endes nicht als angebliche Objektivität von Sätzen aufzufassen, sondern als Spiel – das heißt als wechselseitige Beziehung, Widerstreit und Einigung – von Interpretationen.

2. Freud

Das ist dann schließlich auch der Sinn, den wir im hier gegebenen Zusammenhang in den Theorien Freuds sehen. Auch Freud regt zum Misstrauen gegenüber dem Bewusstsein und seinen objektiven Gewissheiten an und deutet in die Richtung einer Auffassung der Wahrheit als Interpretation.

A) Verborgene Wahrheit oder Spiel der Interpretationen?

Wir gehen von eben dieser Frage aus – wobei wir uns durchaus darüber im Klaren sind, dass (wie das ebenso bei anderen Lehrgebäuden der Fall ist, die gegenwärtig intensiv diskutiert werden) auch das Denken Freuds gegensätzlichen Lesarten ausgesetzt ist und dass daraus unterschiedliche und problematische Konsequenzen abgeleitet werden. Uns scheint es jedoch fruchtbar zu sein, ihn mit dem Problem in unsere Erörterungen eintreten zu lassen, auf das wir bei der Darstellung von Nietzsches Philosophie gestoßen sind – eines Philosophen, den Freud kannte und auf den er ausdrücklich Bezug nimmt.

Sigmund Freud (1856–1939) war Arzt und hatte eine in einem allgemeinen Sinne positivistische Ausbildung genossen. Sein Anliegen war es, psychische Störungen zu heilen, und nicht in erster Linie, eine Philosophie oder eine Zivilisationstheorie zu entwickeln. Wie wir alle wissen, ist die Psychoanalyse dann später zu einem sehr weit reichenden kulturellen Faktum geworden, sogar zu einer Zivilisationstheorie, die in den fünfziger Jahren des vergangenen Jahrhunderts Autoren wie Norman Brown (*Life Against Death*, 1959) und Herbert Marcuse (*Triebstruktur und Gesellschaft*, 1955; auf Marcuse kommen wir im Kap. VII zurück) angeregt hat.

Freilich glaubte Freud, jedenfalls während eines langen Abschnitts seiner Laufbahn, eine Wahrheit zu entdecken, eine verborgene zwar, aber doch für geeignete Methoden zugängliche Wahrheit. Erst in einer späteren Phase ist es zulässig, seine Auffassung der Wahrheit mit dem Begriff des *Spiels der Interpretationen* zu beschreiben (den er selbst nicht verwendet). Die verborgene Wahrheit, die Freud am Anfang zu enthüllen glaubte, war die Wahrheit des Unbewussten. Seine frühesten Überlegungen standen unter dem Einfluss der Erfahrungen eines anderen Arztes namens Josef Breuer (1842–1925), dem die Heilung einer Hysterikerin durch Hypnose gelungen war. Im Zustand der Hypnose hatte sich die Patientin von ihren Symptomen befreit, indem sie sich an schmerzhafte Erfahrungen wiedererinnerte. Freud meinte, dass es in uns mentale Vorstellungen gibt, deren wir uns nicht bewusst sind, an die wir uns nicht erinnern, die aber auf Geist und Körper wirken, indem sie Unbehagen und Krankheit auslösen. Diesen Zusammenhang können wir als den Determinismus des Unbewussten bezeichnen. Natürlich sind die Erinnerungen, die wir nicht gegenwärtig haben, derart, dass wir sie aus irgendeinem Grunde nicht bewahren wollten und sie verdrängt haben. Am Anfang dachte Freud, es handle sich um traumatische Vorfälle in der Kindheit, die mit einer Verführung von seiten Erwachsener zu tun hätten. Später geht er dann aber von dieser Vorstellung ab und ist der Ansicht, die verdrängten Erinnerungen hätten nicht notwendigerweise mit tatsächlichen Geschehnissen zu tun, sondern könnten vielmehr auch Phantasien sein, die die Beziehung zu den Eltern beträfen. Im Mythos von Ödipus sieht Freud das Geflecht von innerfamiliären Beziehungen zusammengefasst, das aus Rivalität und Anziehung gegenüber dem Vater und der Mutter besteht und das für die Erfahrungen aller Menschen konstitutiv ist. Schon Breuers Hypnose war eine Weise gewesen, die Mechanismen der Verdrängung auszuheben. Freud findet andere Wege: vor allem die Beschäftigung mit dem Traumzustand, der in seinem großen Werk *Die Traumdeutung* (1900) analysiert wird; dann die Analyse der freien Assoziationen und der sprachlichen Fehlleistungen, die im Alltagsleben immer wieder vorkommen. All das sind Weisen, wie das Unbewusste sich in Situationen, in denen die Kontrolle gelockert ist, erahnen lässt.

In Träumen oder im freien Assoziieren kommen die Erinnerungen außerdem nicht direkt an die Oberfläche, sondern symbolisch verschlüsselt, so dass man den Abstand zwischen ihrem manifesten und ihrem latenten Inhalt eigens interpretieren muss. Das Unbewusste maskiert sich gemäß den Mechanismen der „Traumarbeit", indem es die Aufmerksamkeit auf ein anderes Objekt verschiebt, das Gemeinte zu einem Symbol verdichtet oder es durch sein Gegenteil darstellt. Das, was die Traumarbeit ausgestaltet, sind keine Ereignisse im Leben, die wir vergessen wollen, sondern meistens Wünsche, die wir aufgrund der sozialen Kontrolle nicht zu erfüllen wagen (oder nicht erfüllen können).

B) Von der Rekonstruktion zur Konstruktion

In erster Annäherung (das gilt für Freuds eigene Auffassung ebenso wie für die kulturelle Rezeption der Psychoanalyse) ist die Arbeit, die die Erinnerungen dazu bringt, aus dem Unbewussten wiederaufzutauchen, eine Weise, die Symptome (vieler, nicht aller psychischer Krankheiten) zu behandeln: Wenn diese Erinnerungen bewusst werden, verlieren sie nämlich ihre Macht, uns ohne unser Wissen zu steuern. Freud bestimmt diese Methode als „kathartisch", als Methode der Reinigung: Seine erste Deutung der Psychoanalyse fasst diese als eine Wiedergewinnung der ursprünglichen Wahrheit des Subjekts auf. Am Anfang teilt er mit Breuer die Auffassung, dass sie das Ziel habe, den *wahren Sinn* der Antriebe wiederzufinden, die der Patient unterdrückt und durch die neurotischen Symptome befriedigt hat. Es geht also darum, dem Patienten ein Wissen zur Verfügung zu stellen, das sich ihm normalerweise entzieht. Das ist die Vorstellung von der Psychoanalyse als einer Wiederaneignung seiner wahren Natur seitens des Ich. Viele Filme Hitchcocks (*Spellbound – Ich kämpfe um dich; Vertigo – Aus dem Reich der Toten* usw.) sind von dieser Sicht der Psychoanalyse inspiriert. Aber auch in jüngeren philosophischen Strömungen wie der Theorie des kommunikativen Handelns von Habermas (von der später noch die Rede sein wird) wirkt diese Weise, die Freudsche Theorie zu verstehen, noch nach: Es geht um die Entdeckung des Unbewussten als Entdeckung des Wahren, das wir vergessen haben, das aber, im Grunde unserer selbst, da ist. In der analytischen Arbeit wurde Freud jedoch nach und nach dahin geführt, daran zu zweifeln, dass man die wahre Geschichte des Patienten „rekonstruieren" könne. In einer sehr späten Schrift, *Konstruktionen in der Analyse* (1937), bringt er die neue Richtung seines Denkens schön zum Ausdruck. Die Analyse ist nicht die Rekonstruktion einer ursprünglichen Wahrheit, die in einer objektiven Weise wiederauffindbar wäre, sondern eine „Konstruktion", mittels derer der Patient – eher als Besitz zu ergreifen von sich selbst und von seiner Vergangenheit – sich damit arrangiert oder (so könnten wir sagen) sich eine Weise konstruiert, wie er mit sich selbst zusammenleben kann. Wenn die Analyse nämlich – so stellt Freud u. a. fest – eine bloße Bewusstwerdung durch die Anwendung einer bestimmten Methode wäre, könnte diese Methode aus Büchern gelernt und alleine angewendet werden; sie ist jedoch auf den Dialog mit dem anderen angewiesen, in dem affektive und überhaupt soziale Elemente ins Spiel kommen. Auch die Wahrheit, die die Psychoanalyse „konstruiert" (vielleicht indem sie in der Praxis des Analytikers das wiederholt, was wir alle normalerweise im Leben tun: Wir konstruieren uns ein „lebbares" System von Bedeutsamkeiten, eine „Autobiographie", die phantastisch sein mag, aber funktioniert), ist eher als eine letztendlich objektive Darstellung eines Sachverhalts ein Spiel von Interpretationen, die im Dialog mit den anderen auf die Probe gestellt werden. Das ist das vorläufige, aber keineswegs unerhebliche Ergebnis unseres Durchgangs durch die „Schulen des Verdachts".

VI. Die Naturwissenschaften als Modell

Die Philosophien des 20. Jahrhunderts nehmen gegenüber der Herrschaft der Technik überwiegend eine Haltung ein, die durch Misstrauen gekennzeichnet und oft auch polemisch ist. Aber nicht alle Strömungen des Jahrhunderts teilen diese Position. Ein beträchtlicher Teil der zeitgenössischen Philosophie – der, wie wir sehen werden, allerdings keineswegs einheitlich ist, aber doch wenigstens in gewissen Punkten übereinstimmt – betrachtet vielmehr das Sichdurchsetzen der Naturwissenschaften und der davon abgeleiteten Technik als einen positiven Wert und ist sogar, mehr oder weniger ausdrücklich, der Ansicht, dass das (natur)wissenschaftliche Denken (als methodisches, objektives, unvoreingenommenes usw.) das Modell liefert für die Entwicklung der Vernunft überhaupt und auch für die Förderung eines besseren Zusammenlebens im gesellschaftlichen Raum. Das war, wie wir bereits angedeutet haben, im 19. Jahrhundert die Überzeugung des Positivismus gewesen. Und die Strömung, die im 20. Jahrhundert diesen Themen am meisten Beachtung geschenkt hat, hat zu ihrem größten Teil, wenn auch nicht ausschließlich, den Namen Neopositivismus bekommen.

1. Neopositivismus und logischer Empirismus

Mit dem Positivismus des 19. Jahrhunderts stimmt der Neopositivismus wenigstens im Grundsatz in der Vorstellung überein, dass das einzige Denken, das in der Lage sei, die Wahrheit zu erreichen, dasjenige sei, das in den positiven Wissenschaften geübt wird: Experiment, methodische Strenge, Wiederholbarkeit der Überprüfungen usw. Außerdem steht auch der Neopositivismus im Horizont eines sozusagen politischen Engagements. Viele Vertreter des ursprünglichen Neopositivismus (im Wien der 20er Jahre) sind erklärtermaßen auch Sozialisten, und meistens fassen sie ihre Arbeit als Beitrag zur Verbesserung der Gesellschaft auf. Zwischen dem klassischen Positivismus und dem Neopositivismus liegt jedoch ein Zeitabschnitt, in dem entscheidende Wandlungen in den Wissenschaften stattgefunden haben: vor allem durch die Relativitätstheorie und die Konstruktion nichteuklidischer Geometrien. Wenn man strenge und kohärente Geometrien – die also in der Lage sind, Lehrsätze zu beweisen und Probleme zu lösen – konstruieren kann, die einige von den Annahmen Euklids negieren, dann wird es unmöglich zu glauben (wie die Naturwissenschaften des 19. Jahrhunderts meinten), dass das, was in der Mathematik, der Geometrie, in der Logik selbst „wahr" ist (insofern es streng beweisbar ist), ohne weiteres auch in der Erfahrung wahr sei. Die Verknüpfung zwischen logischer, mathematischer, geometrischer „Wahrheit" und Erfahrung wird problematisch. Eines der Ergebnisse dieser neuen Situation war der Konventionalismus, eine Theorie, für die die Wahrheit eines jeden wissenschaftlichen (mathematischen oder auch physikalischen) Satzes abhängt von einer Einigung über den Gebrauch bestimmter Begriffe und über gewisse Anfangspostulate, die nicht bewiesen, sondern durch Übereinkunft festgesetzt werden.

Dieses Bewusstsein von dem problematischen Band zwischen Wahrheitssystemen – formalen, logischen, mathematischen – und der Erfahrung der äußeren Welt ist wohl auch das, was den Neopositivismus am klarsten vom Positivismus unterscheidet. Und es erklärt auch sein ausgeprägteres Interesse an den formalen Systemen, an der Logik: daher der Ausdruck „logischer Empirismus". Der Ausdruck „Empirismus" – oft wird diese Philosophie auch als „Neoempirismus" bezeichnet – weist auf die Absicht hin, das Wissen auf empirische, streng kontrollierte Grundlagen zu stellen. Der Neoempirismus nimmt also einen charakteristischen Zug der empiristischen Tradition wieder auf, nämlich die Ablehnung der Metaphysik, und widmet seine besondere Aufmerksamkeit dem Gebrauch der Instrumente des Denkens, und zwar durch die Analyse der Sprache.

Es wird deutlich werden, wie diese programmatischen Charakteristika bei den Denkern, die wir skizzieren, jeweils entwickelt werden – Denker, die nicht alle im eigentlichen Sinne Neopositivisten sind, in deren Denken diese Themen jedoch durchgängig eine große Rolle spielen.

2. Der Wiener Kreis

Der Wiener Kreis ist die Gruppe, in der sich die bedeutendsten Denker des Neopositivismus sammelten. Andere wichtige Philosophen, wie Wittgenstein und Popper, waren diesem Kreis verbunden, aber nur locker und manchmal auch in polemischem Gegensatz gegen seine Thesen. Viele Vertreter des Kreises berufen sich vor allem auf Wittgenstein.

Zwei der bedeutendsten Gestalten des Kreises waren Rudolf Carnap (1891–1970) und Moritz Schlick (1882–1936), dessen Tod (er wurde von einem nationalsozialistischen Studenten ermordet) auch den Anfang vom Ende der europäischen Phase des Kreises bedeutete: 1938, im Jahre der Annexion Österreichs durch Hitlerdeutschland, emigrierten viele Repräsentanten des Kreises, und vor allem auch Carnap, in die USA (viele von ihnen waren Juden – abgesehen davon, dass ihre politische Orientierung durchgängig antifaschistisch war). Diese Zwangsemigration hatte zur Folge, dass die Thesen der Wiener in den USA weite Verbreitung fanden – und das prägte die amerikanische und angelsächsische Philosophie für viele Jahrzehnte.

Eine der charakteristischen Thesen des Wiener Kreises, das Verifikationsprinzip, behauptet, dass die Bedeutung eines Satzes mit der Methode seiner empirischen Überprüfung zu tun hat. Wenn wir nicht angeben können, unter welchen empirisch realisierbaren Bedingungen eine Aussage wahr sein könnte, ist sie sinnlos. Mit diesem Prinzip wird ein Kriterium aufgestellt, nach dem sich zahlreiche traditionelle philosophische Probleme als sinnlos erweisen, weil man nie sagen kann, welche konkrete Erfahrung die eine oder die andere Lösung dieser Probleme bestätigen könnte (das gilt für das Problem der Existenz Gottes, der Freiheit, der Unsterblichkeit der Seele oder auch für das Problem des Sinnes der Wirklichkeit überhaupt). Daraus folgt die Ablehnung der Metaphysik, von der oben andeutungsweise die Rede war. Die Erfahrungen, aufgrund derer die sinnvollen Sätze bestätigt oder nicht bestätigt werden können, sind unmittelbare Erfahrungen elementarer Daten. Eine Aussage muss zunächst in einfachere Aussagen zerlegt werden; diese einfachen Aussagen sind wahr, insofern sie elementare Erfahrungen wiedergeben – die letzten, auf die wir im Beweis zurückgehen können. Solche Sätze heißen Protokolle oder Protokollsätze. Indessen: Ist diese These wirklich befriedigend? Auch die Protokolle sind Sätze, keine Tatsachen; zu unterstellen, dass sie, nur weil sie sich nicht in noch elementarere Aussagen zerlegen lassen, die Tatsachen widerspiegelten, könnte willkürlich sein. Der Begriff der elementaren Tatsache setzt die Existenz der „wirklichen Welt" voraus, die sicherlich nicht geleugnet werden soll, aber die behauptet wird in einer Aussage, die selbst nicht die „wirkliche Welt" ist. An dieser Stelle wird nun von entscheidender Bedeutung für die Protokollsätze nicht ihr unmittelbarer Bezug zum Erfahrungsdatum, sondern ihre logische und syntaktische Struktur, ihre Kohärenz mit einer Gesamtheit von Regeln, die gebildet sind nach dem Modell der Sprache der „sichersten" Wissenschaften, wie z. B. der Physik. Die Wahrheit eines Satzes ist dann nicht mehr so sehr ihre Entsprechung gegenüber dem unmittelbaren Tatsachendatum, sondern ihre Kohärenz mit einem Regelsystem, das als maßgeblich genommen wird. Das nennt der Wiener Kreis Physikalismus: Nach Otto Neurath (1882–1945) besteht die Verifikation nicht darin, alles auf unmittelbare Erfahrungsdaten zurückzuführen, sondern darin, alle Aussagen in eine Basissprache zu übersetzen, nämlich in die der Physik. Die Aussagen, die sich nicht in eine solche Sprache übersetzen lassen, werden dann sinnlos sein, wie das Verifikationsprinzip sagt.

3. Wittgenstein vom *Tractatus* zu den Sprachspielen

Eine ähnliche Denkentwicklung findet man bei Ludwig Wittgenstein (1889–1951). Auch für Wittgenstein gilt – wenigstens im *Tractatus logico-philosophicus* (1922) – das Verifikationsprinzip. Die Sätze geben Tatsachen wieder, und komplexe Sätze müssen analysiert werden im Hinblick auf solche, die elementare Tatsachen wiedergeben. Auch für ihn sind die Metaphysik und die Diskurse über Werte sinnlos. Aber die Sinnlosigkeit von nicht auf Tatsachen zurückführbaren Aussagen zieht für Wittgenstein nicht (wie für die Neopositivisten) ein Desinteresse ihnen gegenüber nach sich. In den letzten Sätzen des *Tractatus* ist vom Mystischen die Rede als dem, wovon man nicht reden kann, aber das dann dennoch dasjenige ist, was uns am meisten angeht – man darf nicht vergessen, dass Wittgenstein eine Persönlichkeit mit einer tiefen Sensibilität für das Problem der Religion gewesen ist.

Noch bedeutsamer ist die Entwicklung seines Denkens vom *Tractatus* zu den *Philosophischen Untersuchungen* (die 1953 erschienen sind, posthum wie fast alle seine Schriften). Ein entscheidender Punkt besteht in dem Zugeständnis, dass die Sprache der Physik nicht die einzig sinnvolle ist. So wird für ihn die streng darstellende Funktion der sinnvollen Sprache zweifelhaft, der zufolge die Sprache „für" die bezeichneten Gegenstände „steht". Der Gebrauch der Sprache ist vielfältiger; und so ist die Sprache nicht ein einheitliches Ganzes, noch lassen sich die Weisen ihres Gebrauchs ein für alle Mal bestimmen. Der Sinn eines Satzes hängt von den Regeln ab, die für den Gebrauch der Wörter gelten; und diese Regeln sind vielfältig und werden jeweils in ihrem Bereich eingehalten wie Spielregeln. Es geht nach wie vor darum (ebenso wie bei den Neopositivisten), die Sprache zu heilen, indem man sie weniger konfus und strenger macht; aber nicht dadurch, dass man alle Aussagen auf eine Sprache zurückführt, die man als vollkommen ansieht, wie das im Physikalismus der Fall war, sondern dadurch, dass man Konfusionen zwischen verschiedenen Weisen des Gebrauchs der Sprache vermeidet. An diese Thesen des so genannten „späten Wittgenstein" knüpft die Strömung an, die man als *analytische Philosophie* bezeichnet.

4. Popper: Wissenschaft und Falsifizierbarkeit

Wie Wittgenstein hat auch Karl Raimund Popper (1902–1994) mit dem Wiener Kreis zu tun, aber er gehört nicht zu dessen Mitgliedern und ist in vielerlei Hinsicht – mehr als Wittgenstein – dessen Kritiker. Im Zentrum seines Denkens steht die Idee der Falsifizierbarkeit. Eine Theorie ist wissenschaftlich und sinnvoll, wenn sie falsifizierbar ist, d. h., wenn sie mögliche Erfahrungen vorsieht, die die Theorie widerlegen könnten. Popper spricht sich gegen die induktive Methode aus, die es für möglich hält, eine Aussage durch Erfahrungen, die mit ihr übereinstimmen, positiv zu beweisen: Ein derartiger Beweis ist immer unsicher, weil es ja immer sein kann, dass man in der Zukunft eine gegenteilige Erfahrung macht. Die wissenschaftliche Methode ist für ihn diejenige von Hypothese und Deduktion: Man formuliert eine Hypothese und stellt sich Erfahrungen vor, die sie falsifizieren könnten.

Die Falsifikationsthese schließt z. B. Psychoanalyse und Marxismus aus dem Kreis der wissenschaftlichen Theorien aus. Insbesondere der Marxismus ist für Popper eines der dogmatischen Systeme, die die Feinde der offenen Gesellschaft sind (*Die offene Gesellschaft und ihre Feinde*, 1945). Zu diesen Systemen zählt Popper auch die von Platon, von Hegel und von Comte: alles Autoren von Systemen, die den Anspruch erheben, eine ideale Gesellschaft zu gründen, und zwar gemäß der „wahren" Erkenntnis der menschlichen Natur, der Gesellschaft usw. Die Demokratie steht dagegen der Idee der Falsifizierbarkeit näher, da ja auch sie nach dem Verfahren von Versuch und Irrtum vorgeht.

Ist die Metaphysik so aus dem Spiel? Ja und nein – die Logik der Wissenschaft vorausgesetzt, sind die Hypothesen, die formuliert und zur Falsifikation gestellt werden, geleitet von allgemeinen Anschauungen, die auch metaphysisch genannt werden können.

5. Rückkehr zum Pragmatismus?

Die Themen, die wir bisher diskutiert haben, sind vor allem für die angelsächsische Philosophie des Jahrhunderts typisch gewesen. Und überhaupt haben Empirismus und Pragmatismus, auf die sich diese neueren Richtungen überwiegend berufen, auch und in den letzten Jahrhunderten vor allem in England in Blüte gestanden. In der zweiten Hälfte des 20. Jahrhunderts (aber eigentlich schon seit Ende der 30er Jahre) hat der Neopositivismus einen Prozess der „Liberalisierung" erlebt: Die Thesen Poppers haben im Großen und Ganzen die Oberhand gewonnen über diejenigen der klassischen Neopositivisten, und Wittgenstein hat den Weg frei gemacht für die analytische Philosophie, die die physikalistischen Thesen hinter sich gelassen hat. Das hat auch zu einer Wiederbelebung des Pragmatismus geführt – einer Strömung, die wir bisher unerwähnt gelassen haben, auch deswegen, weil ihre fundamentalen Texte in den Zusammenhang des 19. Jahrhunderts gehören: Sie gehen auf William James (1842–1910), Charles Sanders Peirce (1839–1914) und John Dewey (1859–1952) zurück, deren wichtigste Werke um die Wende vom 19. zum 20. Jahrhundert erschienen sind. Dewey war jedoch sehr wichtig als Bezugspunkt für diejenigen Mitglieder des Wiener Kreises, die in die USA auswanderten. Grundlegend für den Pragmatismus ist die (oft vereinfacht vorgebrachte) These, dass die Wahrheit eines Satzes identisch sei mit der Tatsache, dass er befriedigende praktische Konsequenzen hervorbringt. Das Denken von Dewey ist auch als Instrumentalismus bezeichnet worden: Es fasst die Tätigkeit des Denkens als ein Erfinden von Instrumenten auf, mit denen Probleme des Lebens gelöst werden sollen. Wie er an einer Stelle von *Logic: The Theory of Inquiry* (1938) schreibt, „gibt es eine ungebrochene Kontinuität zwischen der Tätigkeit der Forschung und den biologischen und physischen Tätigkeiten". Wenn man an diese Stellen bei Dewey denkt, wird deutlich, dass der Prozess der Liberalisierung der neoempiristischen Philosophie (die Naturwissenschaften sind nicht mehr das streng vorgeschriebene und ausschließlich geltende Modell für jedes Denken überhaupt, sondern den Wissenschaften wird ein Ort in der Welt des Menschen, unter den verschiedenen Lebensformen, in der Praxis usw. zugewiesen) auch eine Wiedergewinnung der pragmatistischen Wurzeln der amerikanischen Philosophie bedeutet. Ein großer Teil der neueren amerikanischen und europäischen Philosophie, der sich auf das Erbe des Neoempirismus beruft, ist zugleich intensiv geprägt durch eine Wiederaufnahme des Pragmatismus.

Im Werk von Richard Rorty (geb. 1931) wird der Prozess der „Liberalisierung" des Neopositivismus fortgesetzt, und zwar eben in Richtung des Pragmatismus und seiner Weise, die Arbeit des Denkens auch als Interaktion mit der Lebensumwelt aufzufassen – so, wie das bei einem biologischen Organismus der Fall ist. Rorty nimmt diese Idee auf (in *Consequences of Pragmatism,* einer 1982 erschienenen Aufsatzsammlung) und verbindet sie sowohl mit der auf Wittgenstein zurückgehenden Philosophie der Alltagssprache als auch mit hermeneutischen Reflexionen Heideggers und Gadamers. Das Konzept der Philosophie als einer Bestimmung des Wahren, Guten und Schönen muss aufgegeben werden. Das Funktionieren der Gesellschaft erfordert keine objektive Grundlegung des Wissens, sondern nur die Garantie, dass der gesellschaftliche Dialog nicht abgebrochen wird – in dem Fall würde gleichsam der gesellschaftliche Organismus seiner Lebens-grundlage beraubt. Das Medium der Sprache ist diese Lebens-grundlage, in dem Rorty (in *Der Spiegel der Natur*, 1979) ein „epistemologisches" und ein „hermeneutisches" Verhalten un-terscheidet – auf der Basis der von Thomas Kuhn (1922–1996) eingeführten Unterscheidung zwischen normaler und revolu-tionärer Wissenschaft, wobei Letztere dadurch charakterisiert wird, dass ein neues wissenschaftliches Paradigma angenom-men wird. Epistemologisch ist für Rorty derjenige Typ des Denkens, der Probleme zu lösen versucht, die innerhalb eines Paradigmas konsolidierter Weisen, die Erfahrung zu organisie-ren, auftreten. Hermeneutik ist dagegen das Denken, das sich mit vorgeschlagenen neuen Paradigmen, mit neuen Weisen, die Dinge zu benennen, auseinander setzt. Aber auch die Grundlegung eines neuen Paradigmas konstituiert für Rorty nicht eine „Wahrheit der Zeit", der die Philosophie zu ent-sprechen hätte. Die Entstehung eines neuen Paradigmas führt zu einer neuen Beschreibung der Welt, die die gemeinsamen Bezüge bereichert – und zu jenem toleranten Gespräch, das das Überleben der Gesellschaft gerade ermöglicht.

VII. Kritik der Rationalisierung: Von Weber zur Frankfurter Schule

Alle Theorien, von denen wir in diesem „philosophischen Atlas des 20. Jahrhunderts" sprechen, stellen sich das Problem der Existenz unter den Bedingungen der technologischen Gesellschaft – einige nur implizit, andere ausdrücklicher. Zu diesen letzteren gehören die Soziologie Max Webers und die Reflexionen der Theoretiker der Frankfurter Schule. Weber und die Frankfurter sind sich zwar nicht in allem einig, aber stimmen überein in einer bestimmten Sichtweise der Rationalität der modernen Gesellschaft.

1. Max Weber: formale Rationalität, moderner Kapitalismus, Entzauberung der Welt

In polemischem Gegensatz gegen diejenige Soziologie, die sich vom Positivismus inspirieren ließ und die den Anspruch erhob, das Verhalten nach Art des Vorgehens der experimentellen Naturwissenschaften zu messen und vorherzusehen, ist Max Weber (1864–1920) der Ansicht, man müsse die Gesellschaft beschreiben als Interaktion der sinnhaften Handlungen der Subjekte, die sie zusammen ausmachen. Es geht darum, die Formen des sozialen Handelns zu erfassen, durch die sich Systeme von Relationen und Sphären von Werten und Normen bilden (z. B. das Geschäftsleben, das religiöse Leben, die Kunst usw.). Mehr noch: für Weber ist die Moderne gerade dadurch gekennzeichnet, dass sich diese Sphären spezialisieren und autonom werden. Aufgabe der Soziologie ist es, die Gesellschaft zu studieren, indem sie versucht, ihre rationalen Strukturen zu erfassen: Die Gesellschaft ist nicht eine bloße Ansammlung physischer Objekte, sondern von Subjekten, die auf Ziele hin handeln. Im *Wozu* und im *Wie* einer Handlung liegt ihre Rationalität. Das handelnde Subjekt kann jedoch dem einen oder dem anderen dieser beiden Elemente mehr Aufmerksamkeit widmen. Eine Handlung, die vor allem den Wert des Ziels im Blick hat und weniger die Mittel, lässt sich als wertrational kennzeichnen; wenn sie sorgfältig die Mittel durchdenkt, handelt es sich um Zweckrationalität. Wenn wir von Rationalität sprechen, sprechen wir immer von einem Wozu: Wir erklären, wozu eine bestimmte Handlung vollzogen wird. Aber wozu wählen wir bestimmte ethische, politische, ästhetische Werte mehr als andere? Wir können sagen, dass sie funktional für andere Werte sind. Aber die letzten Werte, an denen wir uns orientieren, sind nie weiter erklärbar im Sinne der Funktionalität für andere Werte: Sie werden in gewisser Weise *ohne Grund* gewählt, ohne dass sie aus einer echten rationalen Erwägung hervorgehen. Die Rationalität des Mittels im Hinblick auf das Ziel ist die *formale Rationalität;* diejenige, die den ohne weitere Rechtfertigung gewählten Wert in den Mittelpunkt stellt, heißt *materiale Rationalität.* Diese Begriffe liegen der berühmten Unterscheidung Webers zwischen *Gesinnungsethik* und *Verantwortungsethik* zugrunde. Letztere durchdenkt sorgfältig die Folgen der Handlungen, während die Gesinnungsethik die Ethik der Helden, aber auch der Fanatiker ist: all derer, die, oft guten Glaubens, sich nicht um die Folgen dessen kümmern, was sie tun, um einem bestimmten Prinzip treu zu bleiben oder ein bestimmtes Ziel zu erreichen.

Es wird deutlich geworden sein, dass die formale Rationalität für Weber das eigentliche Modell jeder Rationalität ist. Also besteht *die Rationalisierung der modernen Gesellschaft* auch und vor allem in der Entwicklung und der Vorherrschaft der formalen Rationalität. Natürlich betrifft das ganz allgemein auch die Organisation der industriellen Arbeit, das ökonomische Kalkül von Investitionen und Profit usw. Aber die formale Rationalität hat ihre Wurzeln nicht in erster Linie in der rechnenden Einstellung der modernen Naturwissenschaften. Die unternehmerische Mentalität hat vor allem und grundsätzlich zu tun mit der Ethik des Protestantismus, vor allem in ihrer calvinistischen Ausprägung. Damit die kapitalistische Wirtschaft entstehen kann, sagt Weber, muss derjenige, der arbeitet und verdient, einen gewissen asketischen Abstand nehmen von den Reichtümern, die er produziert: Er darf sie nicht konsumieren, sondern muss sie wieder investieren. Darin besteht der asketische Charakter des modernen Kapitalismus, mit dem sich darüber hinaus die (dem Calvinismus eigene) Vorstellung verbindet, dass der Erfolg bei wirtschaftlichen Unternehmungen ein Zeichen des Wohlwollens Gottes, der Vorherbestimmung zum Heil ist. Und auch das Luthertum, das den Wert der Sakramente und der Frömmigkeitsübungen für die Rettung der Seele leugnete, legte auf seine Weise Wert auf den Einsatz in Arbeit und Beruf. Diese Themen werden behandelt in *Die protestantische Ethik und der Geist des Kapitalismus* (1904), einer der Untersuchungen, die Weber der Religionssoziologie gewidmet hat. Vereinfachend kann man sagen, dass sich die formale Rationalität im Kapitalismus umso mehr durchsetzt, als der Kapitalist versucht, sein Einkommen zu vermehren, und dabei gleichzeitig darauf verzichtet, es zu genießen, eben um es wieder investieren zu können. Er denkt nicht mehr an das Ziel des Verdienens (Nutzen oder Genuss), sondern an die Vermehrung seines Vermögens.

Die allgemeine Durchsetzung der formalen Rationalität macht die moderne Welt zu einem großen Mechanismus, in dem tendenziell alles zum perfekteren Funktionieren des Ganzen dient. Damit das Ganze funktioniert, bedarf es einer streng geregelten Verteilung der Aufgaben: Jeder erfüllt seine Rolle, aber das Gesamte entzieht sich. Das nennt Weber die „Entzauberung der Welt" oder auch den „stählernen Käfig" der modernen Rationalisierung. Es handelt sich um eine Art universaler Bürokratisierung – deren Ergebnisse Weber sehr pessimistisch beurteilt: Er befürchtet zum Beispiel, dass die Einzelnen angesichts der Erfahrung der Besinnungslosigkeit der gesellschaftlichen Mechanismen und des Sinnverlusts am Ende so reagieren, dass sie sich charismatischen Führern, Diktatoren, einem *totalitären* Staat in die Arme werfen (siehe auch Webers *Wissenschaft als Beruf* und *Politik als Beruf,* beide 1919).

2. Die Frankfurter Schule

Während Weber, der sich auch politisch engagiert hat, der Ansicht war, als Soziologe eine wissenschaftliche Neutralität einhalten zu müssen – gemäß dem Prinzip der „Werturteilsfreiheit" der Wissenschaft –, sind andere Soziologen und Philosophen, die ebenfalls über die Rationalisierung nachdenken, der Meinung, die Theorie könne gar nicht anders sein als engagiert und kritisch.

Die Frankfurter Schule ist auch das Zentrum der Ausarbeitung der „Kritischen Theorie der Gesellschaft". Es handelt sich dabei um eine Gruppe von Denkern, die sich in den 20er und 30er Jahren um das Frankfurter *Institut für Sozialforschung* sammelten. Sie emigrierten nach Amerika, nachdem der Nationalsozialismus an die Macht gekommen war, und setzten ihre Tätigkeit auch nach dem Zweiten Weltkrieg fort, als ihre Theorien sich in der ganzen Welt verbreiteten.

A) Horkheimer, Adorno und die Dialektik der Aufklärung

Der berühmteste Text der Schule ist wohl die *Dialektik der Aufklärung* (1947) von Max Horkheimer (1895–1973) und Theodor W. Adorno (1903–1969), die zusammen mit Marcuse die bedeutendsten Denker der Gruppe sind.

Sowohl Horkheimer und Adorno als auch Marcuse sind, mehr als von Weber, von Marx beeinflusst – auch wenn sie sich aus einer Reihe von Gründen von Marx und besonders vom „orthodoxen" Marxismus des 20. Jahrhunderts absetzen. Sie nehmen eine ausgesprochen kritische Haltung ein gegenüber der sowjetischen Gesellschaft und ihrer totalitären Struktur. Sie halten es für notwendig, eine andere Gesellschaft zu errichten, als es die kapitalistische ist. Aber vor allem Adorno erscheint dieses Unternehmen außerordentlich schwierig (und letzten Endes vielleicht unmöglich), weil die moderne Technik, auf die sich unsere Gesellschaft gründet und auf die auch eine sozialistische Gesellschaft nicht scheint verzichten zu können, so etwas wie eine totalitäre Tendenz hat.

Eben dieser Widerspruch – Wissenschaft und Technik, entstanden als Instrumente der Emanzipation des Menschen, werden im Gegenteil zu Faktoren der Unterdrückung und Entfremdung – wird als Dialektik (Umkehrung, innerer Widerspruch) der Aufklärung bezeichnet. *Aufklärung* bedeutet hier nicht nur, wie üblicherweise, das Denken des 18. Jahrhunderts und der französischen *philosophes*, sondern die Erhellung der Vernunft überhaupt, die ihren Höhepunkt in der Moderne erreicht, aber schon beginnt mit dem Heraustreten der europäischen Kultur aus dem mythischen Stadium im antiken Griechenland. Aufklärung bedeutet hier mehr oder weniger denselben Prozess, den Weber als das Sichdurchsetzen der formalen Rationalität des Kapitalismus beschreibt. Aber bei Adorno und Horkheimer wird das Element der Herrschaft stärker betont: Rationalisieren heißt, sich aus der Unterwerfung unter die Natur zu befreien, und das geschieht sowohl durch das wissenschaftliche Wissen als auch besonders durch die Organisation der gesellschaftlichen Arbeit. Durch diese wird die Herrschaft über die Natur ausgeübt, und zwar mittels der Herrschaft des Menschen über sich selbst und der Herrschaft des Menschen über den Menschen. Eines der schönsten Kapitel der *Dialektik der Aufklärung* ist dem homerischen Odysseus gewidmet, der, um die Stimmen der Sirenen zu hören (12. Buch der *Odyssee:* Wenn er sie hören werde, hatte ihm Kirke vorhergesagt, werde er davon so fasziniert sein, dass er auf ihrer Insel bleiben und die Rückkehr in die Heimat vergessen werde), die Ohren seiner Matrosen mit Wachs verstopfen und sich selbst an den Mast seines Schiffes binden lässt. Die äußere Natur zu beherrschen und ihren Gefahren zu entkommen impliziert die Unterdrückung seiner selbst und der anderen im Zusammenhang gesellschaftlicher Herrschaft – es ist eine ähnliche Haltung wie bei Webers kapitalistischem Asketen, der auf den unmittelbaren Genuss verzichtet.

Im Vergleich zu Marx, auf den sie sich immer wieder berufen, sind Horkheimer und vor allem Adorno pessimistischer. Mit der Diktatur ist die Revolution in Russland gescheitert. Aber auch der demokratische Westen ist zutiefst totalitär, weil er an die Stelle der Diktatur Stalins die Diktatur der Massenmedien, die Werbung, die Warenwelt setzt, die, um sich nach der ihr eigenen Logik zu entwickeln, Bedürfnisse – und auch Ideen – erfinden und manipulieren muss. Vor allem durch diese radikale Kritik an der *Kulturindustrie* haben Horkheimer und Adorno die gesamte Kultur der letzten Jahrzehnte beeinflusst.

Der einzige Ausweg, den Adorno sich vorzustellen scheint, ist der der totalen Absage an die Mechanismen der Kulturindustrie: eine Absage, wie sie von der künstlerischen Avantgarde des 20. Jahrhunderts vollzogen wird, zum Beispiel in der atonalen Musik oder auch in der Prosa und in den Stücken von Beckett (dem Autor von *Warten auf Godot*). Das Mittel dafür ist die Absage an die schöne Form und die leichte Verstehbarkeit, bis hin zur Grenze der Mitteilung, dem Schweigen. Die Disharmonie evoziert die Schönheit nur als ihr utopisches Gegenteil – alles andere ist Täuschung und Lüge.

B) Marcuse. Eros und Zivilisation: die repressive Entsublimierung

Herbert Marcuse (1898–1979) war einer der Propheten der Jugendrevolte von 1968. Die Grundlage seiner Popularität, aber auch einer der philosophisch wesentlichen Punkte seines Denkens ist die Vorstellung gewesen, dass die Revolution der Herrschaftsbeziehungen begleitet sein müsse von der Befreiung der unterdrückten Sexualität. Der Marxismus und die kommunistischen Bewegungen waren bis vor einigen Jahrzehnten (und die sowjetische Gesellschaft bis zum Ende) sehr misstrauisch gegenüber der Sexualität. Die Psychoanalyse wurde zum Beispiel als eine bürgerliche Wissenschaft für dekadente Individuen angesehen. *Triebstruktur und Gesellschaft* (1955) ist das Buch, das Marcuses Thesen am besten zum Ausdruck bringt: Die Zivilisation baut sich auf mittels einer Disziplinierung der Leidenschaften – also einer Unterdrückung der Instinkte – und ihrer sozial geregelten Kanalisierung. In unserer reifen Zivilisation wäre ein gewisser Grad an Repression zum Überleben ausreichend; es gibt sie jedoch im Übermaß, sei es, weil die Repression durch Trägheit überlebt hat, sei es, weil sie im Interesse der herrschenden Klassen ist (die sich selbst durchaus Freiheiten nehmen, die den Beherrschten verwehrt sind). Dieses Mehr an Repression ist heute nicht mehr notwendig. Die gesellschaftliche Revolte gegen die Herrschaft muss sich also auch darstellen als eine Revolte zugunsten der sexuellen Befreiung.

Marcuse predigt in Wirklichkeit nicht die bloße, schlichte Promiskuität; er denkt auch an eine weiter reichende Erotik, die nicht auf die genitale Sexualität im engen Sinne beschränkt ist – und ganz allgemein an die Wiedergewinnung einer ästhetisch gebildeten Humanität, im Sinne eines Traumes, der schon im 18. Jahrhundert derjenige Friedrich Schillers gewesen war. Ja, die sexuelle Befreiung in ihrem unmittelbarsten Sinne, als Wegfall jeder Hemmung, führt lediglich zur Pornographie und zum sexuellen Konsumismus. Diese haben die Funktion eines Ventils, was für die Herrschaftsstrukturen ungefährlich ist. Die falsche sexuelle Befreiung, die in den konsumistischen Gesellschaften stattfindet, setzt das in die Tat um, was Marcuse „repressive Entsublimierung" nennt.

Wie man sieht, führt die Polemik gegen die Rationalisierung als Herrschaft, Unterdrückung, Mechanisierung der Gesellschaft bei diesen Denkern auch zu Folgerungen ästhetischer Art. Das entspricht vielleicht einer Tendenz, die im neueren Denken ziemlich verbreitet ist, sich von der Philosophie zur Kunst und zur Dichtung zu wenden. Darauf werden wir zurückkommen. Was schließlich den Mythos einer mit der eigenen Sexualität versöhnten Menschheit betrifft, sollte man ihn nicht ohne weiteres auf den Müll der Geschichte werfen. Marcuse verdient es wohl, eher wiederentdeckt als bloß archiviert zu werden.

VIII. Nihilismus

Die Überschrift dieses Kapitels nennt einen Begriff, der viel und oft in einem abwertenden Sinne benutzt wird: Man bezeichnet als Nihilisten den, der an nichts glaubt, der die moralischen Werte und jeglichen Sinn des Lebens verleugnet. (Wir haben im Zusammenhang mit Nietzsche schon darauf hingewiesen – vgl. Kap. V.) Nun gibt es aber neben den moralischen und abwertenden Bedeutungen, die der Begriff in der Alltagssprache angenommen hat, auch einen philosophischen Sinn, in dem der Begriff in unserer Kultur präsent ist. Wenn man diesen philosophischen Sinn des Begriffs Nihilismus versteht, kann man auch die verschiedenen Bedeutungen, die sich in der alltäglichen Rede mit ihm verbinden, in eine Ordnung bringen und bestimmte Doppeldeutigkeiten kritisieren. Schließlich könnten wir feststellen, dass „Nihilist" dann keine Beleidigung mehr ist …

Erinnern wir uns, dass die Problemstellung des Existenzialismus gerade von der Schwierigkeit ausging, die menschliche Existenz (Freiheit, Zeitlichkeit, Unvorhersehbarkeit) von einem Sein her zu denken, das seinerseits als feststehende, objektive Struktur nach Art mathematischer Entitäten aufgefasst wird. Wenn das Sein etwas von dieser Art ist, „ist" der Mensch nicht. Oder auch: Wenn er so (nämlich objektiv, vorhersehbar, berechenbar) sein muss, um wirklich zu „sein", ist der Weg zur totalitären Gesellschaft frei. Also ist in gewisser Weise in den Wurzeln des Existenzialismus (vgl. Kap. III) eine Konsequenz angelegt: Wenn der Mensch *ist*, ist das Sein keine feste, ewige Struktur; es muss anders gedacht werden. Aber wenn es im Sein etwas gibt, das nicht strukturhaft, ewig, objektiv „ist" – letzten Endes im Sinne der Behauptung des Parmenides: Das Sein ist und das Nichtsein ist nicht, und damit fertig –, dann ist das Sein gleichsam angenagt vom Nichts.

1. Sein und Nichts: Sartre

Programmatisch ist der Titel des ersten großen philosophischen Werkes von Jean-Paul Sartre (1905–1980), erschienen 1943: *Das Sein und das Nichts*. Eine der Hauptthesen des Buches besteht darin, dass die Freiheit des Menschen (das Bewusstsein, das Sartre das Für-sich nennt) sich zeigt als Überschreitung des Gegebenen, als Negation des Seins. Dieses steht als objektive Präsenz (als An-sich, das kein Bewusstsein hat, das nicht für sich ist) dem Subjekt entgegen. Das Bewusstsein setzt sich dem An-sich-sein, das ihm gegenübersteht, entgegen und negiert es dadurch, dass es daraus (im Wissen) ein Objekt für sich macht oder durch seine Entwürfe darüber hinausgeht. Insofern ist es eine nichtende Macht; aber da ja diese Macht nicht „außerhalb" des Seins steht, muss das Sein als zutiefst vom Nichts gezeichnet gedacht werden. Das Bewusstsein kommt nie zur Versöhnung mit dem An-sich. Jedes Mal, wenn ein Entwurf realisiert wird, wird daraus rigide Objektivität, die uns äußerlich ist, etwas, was wir von neuem negieren müssen. In einem späteren Werk, der *Kritik der dialektischen Vernunft* (1960), wird Sartre diese bleibende Erfahrung der Frustration des Bewusstseins auf die Struktur der kapitalistischen Gesellschaft zurückführen. In der kapitalistischen Welt ist der Arbeiter (wie Marx gelehrt hat) nicht der Herr des Ertrags der eigenen Arbeit, da ja das, was er tut, in Projekte eingespannt ist, die von anderen beherrscht werden. Das ist die Wurzel dessen, was Sartre die Gegenfinalität nennt. Aber auch nach der von Marx gepredigten proletarischen Revolution ändert sich das alles nicht: Sartre arbeitet heraus, dass jede Revolution die Tendenz hat, bürokratisch zu werden, Strukturen auszubilden, die sich nach dem Moment des Höhepunkts der Revolution in bloße Objektivität verkehren, und diese muss von neuem von der Freiheit negiert werden.

2. Heidegger: das Sein, die Zeit, das Ereignis

Von Martin Heidegger (1889–1976) war schon im Kapitel über den Existenzialismus (vgl. Kap. III) die Rede. Auch er geht, lange vor Sartre, von dem Erfordernis aus, das Sein so aufzufassen, dass es möglich ist, dabei auch den Menschen mit einzuschließen – die Freiheit, den Entwurf, die Zeitlichkeit (*Sein und Zeit*, 1927). Und das Ergebnis dieses Bemühens ist eben die Entdeckung des Bandes zwischen Sein und Zeit. Das Sein ist keine unveränderliche Struktur, die in objektiver Weise „unter" dem scheinbaren Werden der Welt besteht – sondern es ist Ereignis. Die Dinge sind nicht in erster Linie „Gegenstände"; in unserer Erfahrung sind sie zuerst Werkzeuge: Hinderliches, Brauchbares, Problematisches. Sie haben einen Sinn in einem Entwurf. Erst in einem zweiten Schritt können wir sie in ein objektives, distanziertes, „aseptisches" Licht rücken, wie es die Naturwissenschaft tut – im Übrigen immer im Hinblick auf Zwecke. Hieraus gewinnt Heidegger die Idee, dass die Dinge „zum Sein kommen" – als Werkzeuge und auch als feste Gegenstände, die in sich mit einer eigenen Struktur ausgestattet sind – nur in Bezug auf einen Entwurf, mit dem der Mensch sich die Welt erschließt. Man kann nicht sagen, dass das Sein unveränderlich und objektiv sei. Es ist das Sich-ereignen einer Erschlossenheit, einer „Öffnung", innerhalb derer die Gegenstände in ihrer Objektivität sichtbar werden. Diese Öffnungen sind nicht immer gleich (sonst würden wir sie immer noch mit einer objektiven Unveränderlichkeit denken); sie ereignen sich geschichtlich, und zwar nach einem Rhythmus, der nicht von der Entscheidung einzelner Individuen abhängt. (Aus diesem Grunde hat sich Heidegger zum „Antihumanisten" erklärt: vgl. den *Brief über den Humanismus*, 1947).

Der Mensch ist freilich nicht nur passives Subjekt in der Geschichte des Seins. Er hat darin eine besondere Stellung, er ist der „Ort", an dem sich das Sein erschließt. Aber er muss sich mit der eigenen Geschichtlichkeit auseinandersetzen: Herkunft, Zugehörigkeit zu einer Kultur, ererbte Formen des Denkens. Das Verhältnis zum Sein wird von Heidegger gedacht wie das Verhältnis zu der Sprache, als deren Sprecher wir uns vorfinden: Sicherlich sind es wir, die sie sprechen; aber andererseits „spricht sie uns", indem sie unsere Erfahrungsmöglichkeiten in der Welt vorherbestimmt.

Im Denkweg Heideggers liegt eine gewisse Ähnlichkeit zu Sartre. Dieser versucht in der *Kritik der dialektischen Vernunft*, den Rückfall in die Gegenfinalität als Wirkung der historischen Struktur des Kapitalismus zu erklären. Indem Heidegger den Zusammenhang von Sein und Zeit entdeckt, sieht er sich zu der Auffassung geführt, dass die Tendenz, das Sein nach dem Modell der Objektivität zu denken (eine Tendenz, die er mit der gesamten Metaphysik von den Griechen bis heute identifiziert und die daran hindert, die Existenz des Menschen als Sein zu denken), nicht allein das Ergebnis menschlicher Irrtümer ist – denn wenn es so wäre, würden wir uns das Sein wieder wie ein unveränderliches Objekt vorstellen, um das herum sich die Menschen mit ihren Irrtümern bewegen würden wie um einen schlafenden Elefanten –, sondern dass sie in einer schwer klar zu machenden Weise mit dem Sein selbst zu tun hat: damit, dass es, während es sich enthüllt, zugleich dazu neigt, sich zu verhüllen. Dieses Sich-verbergen des Seins in der Objektivität ist andererseits verknüpft mit der Geschichte unserer Gesellschaft: In der Welt der modernen Wissenschaft und der Technik neigt das Sein dazu, sich zu verbergen; wir verwechseln es mit der Objektivität, weil wir Gefangene der Überzeugungskraft der Technik sind, die fähig erscheint, sich aller Dinge zu bemächtigen, indem sie alles in Gegenstände des Rechnens und Manipulierens verwandelt.

Das Verhältnis des Heideggerschen Denkens zum Nihilismus lässt sich in zwei Punkten zusammenfassen: a) Die Tendenz der Metaphysik, das Sein als Objekt zu denken, ist ein Vergessen des Seins, d. h., sie neigt dazu, das Sein zu negieren und es auf nichts zu reduzieren. b) Dennoch ist dieser Verlust des Sinnes des Seins in der Moderne auch die Bedingung dafür, dass dieses Problem neu gestellt wird. Weil die Technik den illusorischen und (für die Existenz) gefährlichen Charakter der Reduktion des Seins auf Objektivität enthüllt, deswegen können wir das Sein neu denken als Ereignis, Öffnung, Entwurf.

Hier nimmt der Nihilismus einen „positiveren" Sinn an: Durch den Nihilismus wird das Sein wiedergefunden; aber es wird ein Sein wiedergefunden, das „sich ereignet", das nicht unveränderliche, unbewegliche, volle Präsenz ist. Dieses als Ereignis wiedergefundene Sein hat in sich etwas vom Nichts.

3. Pareyson: Sein und Freiheit

Sowohl die Folgerungen Sartres (es findet immer ein Rückfall in die Gegenfinalität statt) als auch die Schwierigkeit und Dunkelheit vieler Stellen bei Heidegger (können wir wirklich vom Sein sprechen, ohne es als festes „Objekt" anzusetzen, das vor uns liegt?) lassen viele Probleme offen.

Eine Weise, dafür eine Lösung zu suchen (eine Weise, die nicht bloß den Charakter der Flucht oder der Erbauung hat), ist die, sich von neuem für die religiöse Rede oder auch für diejenige des Mythos zu öffnen. Wenn das Sein Ereignis ist und nicht unveränderliche Struktur, sieht die Philosophie sich aufgefordert, sich mit den Ursprungserzählungen auseinander zu setzen, und sie trifft auf das Problem, ob das Ereignis des Seins als (jemandes) Tat gedacht werden muss, die das Heraustreten aus dem Nichts herbeiführt.

Wir haben gesehen, dass das Bemühen der Existenzialisten wie Sartre und Heidegger darin bestanden hat, das Sein in einer solchen Weise neu zu denken, dass Freiheit nicht undenkbar wäre. Nach Meinung einer der italienischen Vordenker des Existenzialismus, Luigi Pareyson (1918–1991), führt uns die gelebte Erfahrung der Freiheit zu dem Gedanken, dass das Sein selbst als Freiheit charakterisiert werden muss (vgl. *Ontologia della libertà*, 1995). Wenn das Sein nicht Struktur, sondern Ereignis ist, wie Heidegger lehrte, muss man eine Beziehung annehmen zwischen ihm und dem Nichts, aus dem es hervorgeht (das, was sich ereignet, war vorher nicht). Aber können wir uns das Hervortreten aus dem Nichts – sagt Pareyson – vorstellen, ohne zu denken, es sei das Ergebnis einer freien Initiative? Gerade von einer solchen Initiative sprechen die religiösen Mythologien und auch die jüdisch-christliche Schrift selbst. Wenn sie einmal auf die Idee des Seins als Ereignis gestoßen ist, kommt die Philosophie nach Pareyson nicht daran vorbei, den Dialog mit den religiösen Offenbarungen neu zu eröffnen (mit der christlichen, aber auch mit denen der Mythen anderer Kulturen); und sie bestimmt sich sogar als „*Hermeneutik* (d. h. Auslegung) *der religiösen Erfahrung*".

In seinen letzten Jahren hat Pareyson vom „Bösen in Gott" gesprochen, in dem Sinne, dass das Ereignis des Heraustretens des Seins aus dem Nichts eine Art Urkampf voraussetzt, der eine Art göttliche Vorgeschichte der Geschichte der Welt und des Menschen wäre – eine Perspektive, die weder für das philosophische noch für das religiöse Bewusstsein beruhigend ist. Aber das Gewicht, das sie in den letzten Jahren im Raum der Philosophie (nicht nur der italienischen) gewonnen hat, zeigt, dass hier ein entscheidender Punkt getroffen ist, mit dem sich auseinander zu setzen das Denken unserer Zeit kaum begonnen hat.

IX. Sprache, Struktur, Geschichte

Was hat der Diskurs des Strukturalismus (darum wird es hier nämlich gehen) mit unserem Thema zu tun, der Frage des schwierigen Verhältnisses zwischen der „Seele" und den äußeren Formen, der Welt der objektiven Rationalität? Die Bewegung des Strukturalismus hat die Tendenz, sozusagen die Illusion der Autonomie der Seele aufzuheben. Sie demonstriert die zentrale Rolle der (sprachlichen, sozialen) Formen als Bedingungen eines jeden möglichen Lebens der Seele, jeder sinngerichteten Handlung usw. Und indem sie das tut, fühlt sie sich entzauberter, wahrer, also auch in gewissem Sinne befreiend – ein bisschen wie der szientistische Positivismus. Eine gewisse Verbindung zum Positivismus darf man auch deswegen unterstellen, weil der Strukturalismus vor allem in Frankreich Fuß gefasst hat.

1. Was bedeutet Struktur?

Es geht dabei nicht nur um die Entdeckung (die schon Hegel und auch die Romantiker machten), dass man, um ein Ding, eine Tatsache, einen Text oder einen Teil davon zu verstehen, das Ganze verstehen muss, in dem es steht. Die Struktur, von der der Strukturalismus spricht, ist eher wie ein Modell, eine Gleichung, eine Permutationsregel, die es erlaubt, verschiedene Phänomene in Beziehung zu setzen. Jemand hat gesagt, es handele sich vor allem um eine Methodologie des Vergleichs – nicht um eine Logik, um individuelle Ganzheiten zu erfassen. Von den Ganzheiten, wie sie die Romantiker dachten, bleibt jedoch bei der Struktur auch der Charakter der Immanenz übrig – und das heißt die Tatsache, dass ihr Sinn sich nicht so sehr aus einem Bezug zu etwas anderem ergibt, sondern aus dem Zusammenspiel der Teile innerhalb des Gesamten. Es wird sich zeigen, dass diese allgemeinen Elemente bei den wichtigsten strukturalistischen Denkern entscheidende Bedeutung gewinnen.

2. Der linguistische Strukturalismus: Saussure

Die Anfänge des Strukturalismus, der sich in den 60er Jahren des 20. Jahrhunderts als führende kulturelle Strömung durchsetzt, gehen auf den Beginn des Jahrhunderts zurück, und zwar auf die Lehre des Linguisten Ferdinand de Saussure (1857–1913). Sein *Cours de linguistique générale* stammt von 1916, in einer von seinen Schülern redigierten Fassung auf der Grundlage der Vorlesungen aus den Jahren 1906–1911. Saussures Gedanke ist, dass die Sprache in einer strengeren Weise untersucht werden müsse, als das in den Jahrhunderten vorher geschehen war, in denen sie zwar oft Gegenstand des Nachdenkens war, aber in einer ungeordneten und konfusen Weise: Man versuchte ihren Ursprung zu verstehen (zum Beispiel indem man sie mit der Kreativität des Menschen in Verbindung brachte) oder die Beziehung der Worte zu den Sachen aufzuklären (Platon dachte im *Kratylos* an die Lautmalerei; oder auch: Gott gibt Adam eine Ursprache, die dann nach dem Turmbau von Babel in Vergessenheit gerät). Für Saussure muss man die Sprache untersuchen als ein System von Zeichen, die ihren Sinn durch ein Spiel von Entgegensetzen und Zusammensetzen hervorbringen, und nicht durch irgendeine geheimnisvolle Beziehung der einzelnen Elemente (Vokabeln) zu den einzelnen Dingen, die sie anzeigen. Im eigentlichen Sinne ist die Sprache die Gesamtheit der Regeln, denen der einzelne Sprecher sich unterwerfen muss, um sich verständlich zu machen. Die Sprachwissenschaft untersucht die Sprache; diese unterscheidet Saussure von der „Rede" (hier haben wir die berühmte Unterscheidung *langue–parole*), die der besondere Gebrauch ist, den jeder Einzelne von der Sprache macht. Dieser ist in gewisser Weise virtuell in der Sprache enthalten, auch wenn jeder Gebrauch der Sprache zu einer Veränderung der Sprache führen kann; aber die Sprache ist immer, in jedem Augenblick, ein synchrones (gleichzeitiges) System. Das ist bei Saussure eine bedeutungsschwere Unterscheidung, weil nach seiner Ansicht das Interesse an der Diachronie, also am Werden und an dem eventuellen gemeinsamen Ursprung der Sprachen, bisher eine strenge Untersuchung der Sprache selbst verhindert hat. Es ist nicht so, dass die geschichtliche Veränderung ausgeschlossen würde. Aber um eine Sprache auf eine strenge Weise zu untersuchen, muss man sie als ein gleichzeitiges System untersuchen, in dem jedes Element von der Gesamtheit der Beziehungen zu den anderen Elementen abhängt. Die Übergänge von einer Phase der Sprache zu einer anderen sind zufällig und im Grunde kein Gegenstand eines strengen Wissens. Auch aufgrund dieser Thesen Saussures lässt sich der Strukturalismus als Antihistorismus charakterisieren.

Das also sind die Grundthesen Saussures: a) die Idee, dass die Sprache ein System ist (er spricht wenig von Struktur), b) die Unterscheidungen *langue–parole* und Synchronie–Diachronie und c) die zusammenfassende These, dass die Bedeutung nicht in erster Linie vom Bezug des Sprechens zu den angezeigten Dingen abhängt, sondern vom regelgeleiteten Spiel der Bezeichnungen.

3. Von der Linguistik zur Anthropologie: Lévi-Strauss

Die Lehre Saussures ist von der Linguistik des 20. Jahrhunderts weitergeführt worden. In ihr haben Persönlichkeiten wie Roman Jakobson (1896–1982) und Nikolai Trubezkoi (1890–1938) eine bestimmende Rolle gespielt, die zuerst im Moskauer linguistischen Zirkel (1915) zusammengeschlossen waren, dann (nach der Revolution) in dem von Prag. In der Folge ließ Jakobson sich in New York nieder, wo er Lévi-Strauss kennen lernte. Allgemein gesprochen betonen die Linguisten von Moskau und Prag den Formalismus in der Betrachtung der Sprache und verschaffen eben dem Begriff der Struktur weithin Geltung.

In New York tritt Jakobson zwischen 1941 und 1947 in Kontakt mit dem Franzosen Claude Lévi-Strauss (geb. 1908). Lévi-Strauss findet im Strukturalismus eine Möglichket zur Auflösung des Gegensatzes zwischen zwei Weisen, Anthropologie zu betreiben: derjenigen, die den historisch originellen und individuellen Charakter jeder Gesellschaft und Kultur betont, und derjenigen, die sich der Aufgabe widmet, „anthropologische Konstanten" aufzusuchen, grundlegende Elemente, die in allen Zivilisationen gleich, also in gewissem Sinne „natürlich" sind. Lévi-Strauss wendet die Idee der Struktur (als Modell und Kommutationsregel) auf dieses Problem an. Er erkennt also die Besonderheit der einzelnen Kulturen an, aber setzt sie als Varianten eines gleichen Schemas zueinander in Beziehung, als unterschiedliche Resultate von Veränderungen in den Beziehungen zwischen einfachen Elementen. Mit dieser Methode untersucht er die Systeme von Verwandtschaftsbeziehungen (*Die elementaren Strukturen der Verwandtschaft*, 1949), die die verschiedenen Kulturen definieren und die durch Kommunikationsregeln und Verbote in den Beziehungen zwischen Personen derselben Familie konstituiert werden (manche Gesellschaften schreiben z. B. vor, dass ein Mann die Witwe des verstorbenen Bruders heiraten muss usw.); und er wendet sie ebenfalls auf das Studium der Mythen an, die auch in ihrer scheinbar chaotischen Vielfalt eine Konstanz bestimmter Elemente und bestimmter Kompositionsregeln zeigen. Aus diesen Untersuchungen heraus entwickelt Lévi-Strauss eine Art philosophische Anthropologie, die sehr streng und sehr systematisch ist (*Strukturale Anthropologie*, 1958) und die in die Umgrenzung von so etwas wie einem überall gleichen menschlichen Geist mündet, den er als den Träger dieser Regeln auffasst.

Das Vorhandensein universal wirksamer Strukturen in den verschiedenen menschlichen Kulturen hindert auch daran, einige unter ihnen herauszuheben, wie es das übliche Geschichtsschema des modernen Europa tut. Es gibt keine „Primitiven", es gibt nur verschiedene Kulturen, die ihre (oft außerordentlich komplizierten) Regeln haben. Eine typische anthropologische Konstante ist für Lévi-Strauss das Inzesttabu, das für alle Kulturen gilt, die wir kennen. Dafür gibt es keine strikt biologischen Motive; es ist nur eine oberste Regel, um die Kommunikation zwischen den Familien und den Gruppen zu fördern. Für Lévi-Strauss stellt es den eigentlichen Übergang von der Natur zur Kultur dar, die eben in der Festsetzung von Regeln des Austausches besteht.

Die grundlegenden Regeln liegen nicht unmittelbar zu Tage, und die Struktur muss erst durch eine Analyse an die sichtbare Oberfläche gebracht werden – weil sie im Unbewussten gleichsam eingelagert ist. Und zudem wirken die Regeln sozusagen im Rücken der Einzelnen und der Gruppen von Menschen. Die Struktur ist früher als einzelne Entscheidungen, früher als die Geschichte: Insofern kann man auch vom *Antihumanismus* von Lévi-Strauss sprechen. In einer Auseinandersetzung mit Sartre erklärte er an einer Stelle, man müsse die Menschen studieren wie Ameisen, wie Gegenstände der Natur. Auch das zeigt die insgesamt positivistische Orientierung dieses Denkens.

4. Foucault und die Archäologie des Wissens

Der strukturalistische Antihumanismus findet sich bei Michel Foucault (1926–1984) wieder. Er ist der bedeutendste philosophische Vertreter des Strukturalismus, auch wenn heute niemand mehr besonderen Wert auf diese Herkunft seines Denkens legt und Foucault selbst über den Strukturalismus hinausgegangen ist – oder ihn vielleicht niemals bis in die letzten Gründe hinein geteilt hat. Foucault erzählt, er habe sich dieser Denkrichtung angenähert aufgrund eines gewissen Widerwillens, den er Mitte der 50er Jahre gegenüber der „humanistischen" Rhetorik zu empfinden begonnen habe, die damals die französische Kultur dominierte und die voller existentialistischer Motive war (Authentizität, Angst, Dramatik der Wahl …). Er entwickelt daher ein betontes Interesse für die formalen Bedingungen des Bedeutens, anders als der Existenzialismus, der alles auf das Intentionale, das Erlebnis, das Bewusstsein, das Subjekt zurückführen wollte. Die formalen Bedingungen sind dagegen das, was als entscheidend erscheint – ein wenig wie der Code, die Sprache, bei Saussure und die unbewussten Strukturen bei Lévi-Strauss.

Natürlich untersucht Foucault diese formalen Bedingungen auch in praktisch-politischer Absicht: Die Strukturen besser zu verstehen, die unsere Existenz und unser Wissen leiten, bedeutet auch, einer Emanzipation näher zu kommen, die auch Marx, Nietzsche und Freud vorbereiten wollten – drei Denker, auf die Foucault sich immer wieder beruft. Diese Ausrichtung bestimmt die *Archäologie des Wissens* (1969). „Archäologie" bedeutet hier Erforschung dessen, was Foucault die Epistemen nennt (das griechische Wort *episteme* bedeutet Wissenschaft), das heißt der kulturellen Systeme, die unsere Erfahrung der Welt vermitteln und die die Strukturen desjenigen Wissens ausmachen, das eine Epoche beherrscht. Die Eigenheit der Episteme besteht darin, dass sie den Dingen einen Namen gibt, also sie sich aneignet, im traditionellen Sinne der Rationalisierung; aber auch darin, dass sie die Dinge in einen Rahmen hierarchischer Beziehungen und präziser Bedeutungen stellt, wodurch sie von den Menschen, die sie benennen, unterworfen werden.

Wir erwähnen drei Beispiele, bei denen die Benennung der Dinge eine Weise ist, ihnen eine Ordnung aufzuerlegen, die sich nicht darauf beschränkt, sie widerzuspiegeln: a) Der Wahnsinn, der in der Antike als ein von außen kommendes, geheimnisvolles, aber eventuell auch heiliges Faktum gesehen wurde und der seit dem Beginn der Neuzeit als etwas benannt wird, das es medizinisch zu behandeln gilt, das man heilt, wissenschaftlich untersucht, aber auch in Irrenanstalten einschließt. b) Die Sexualität: Das, was als Befreiung der Sexualität erscheint, ist zugleich ein Zur-Sprache-Bringen, eine Disziplinierung und eine Form der Kontrolle. Zum Beispiel ist der Markt der Pornographie der sozialen Ordnung und ihrem Interessenspiel in keiner Weise äußerlich. c) Sogar der Mensch als selbstbewusste Subjektivität und als Subjekt, das sich selbst zum Thema macht, indem es sich studiert und analysiert, ist ein Geschöpf des Diskurses: Das Subjekt entsteht mit dem Beginn der Neuzeit, die darüber zu sprechen und daraus eine Wissenschaft zu machen beginnt: die Humanwissenschaften.

Sie sind also die „Geburt" des Menschen, sagt Foucault, aber ebenso der Beginn seines „Todes", insofern das Subjekt zum Gegenstand eines Diskurses und damit einer Ordnung unterworfen wird, über die nicht er verfügt, sondern die über ihn verfügt.

So bilden sich komplexe Beziehungen heraus zwischen Wissen und Macht. Das Wissen befreit nicht, ja es unterwirft sogar. Foucaults Position ist in manchen Punkten derjenigen von Adorno und Horkheimer in der *Dialektik der Aufklärung* ähnlich, allerdings ist sie noch pessimistischer. Es scheint, dass die Wahrheit sich nicht anders gibt denn als Auferlegung von Koordinaten der Bedeutung und der Herrschaft. Der späte Foucault denkt jedoch an eine mögliche Emanzipation durch die ästhetische Erschaffung von Lebensstilen: Darum geht es in den drei Bänden von *Sexualität und Wahrheit* (1976–1984).

5. Strukturalismus und Emanzipation

Es mag merkwürdig erscheinen – auf der Grundlage all dessen, was wir bisher gesagt haben –, dass der Strukturalismus in der europäischen Kultur der 60er Jahre als ein revolutionäres, auf Emanzipation hin orientiertes Denken aufgenommen werden konnte. Man muss beachten, dass es einen marxistischen Strukturalismus, einen psychoanalytischen Strukturalismus usw. gegeben hat. Eine erste Antwort kann man in der Tatsache finden, dass er, indem er gleiches Recht für die verschiedenen Kulturen predigte (die so genannten „Primitiven" sind nicht weniger zivilisiert als wir, sie haben lediglich eine andere Kultur mit Regeln, die ebenso komplex sind wie unsere), in der Tat ein Verbündeter derjenigen Bewegungen gewesen ist, die zur selben Zeit (für Frankreich waren es die Jahre des Algerienkrieges) für das Ende der Kolonialherrschaft kämpften.

An zweiter Stelle öffnete die Tatsache, dass sich das Interesse eher auf die grammatischen und syntaktischen Formen richtete als auf die Inhalte, den Weg für das Studium auch der „niedrigeren" Produkte der Kultur, die die traditionelle, konservative Kultur immer als Massenprodukte, als bloße Unterhaltung gering geschätzt hatte. Die strukturalistische Forschung – die, insofern sie sich auf eine fast mathematische Methode der Analyse von Formen gründete, auch als etwas Demokratisches erschien, da sie allen zugänglich war und nicht an die Genialität des Interpreten, die Feinheit des Geschmacks oder andere Elemente des Privilegiertseins gebunden war – wandte sich indessen auch diesen Produkten zu: So entstanden die Untersuchungen über Comics oder den Feuilletonroman (einer der Vorkämpfer dafür war in Italien Umberto Eco), über die Mode, über Fernsehstars usw. Auch wenn er nicht zur politischen Revolution geführt hat, hat der Strukturalismus sicherlich in vieler Hinsicht eine Modernisierung der Geisteswissenschaften bedeutet. Vielleicht hat gerade das Einebnen von unterschiedlichen Niveaus – die Dichtung Dantes ist eine untersuchungswürdige Struktur ebenso wie ein Krimi, und dieser verdient sogar mehr Aufmerksamkeit, weil er lange von der Forschung vernachlässigt worden ist – in den letzten Jahren zu einem gewissen Verblassen des Strukturalismus geführt. Im Übrigen sind auch die Kolonialreiche inzwischen an ihr Ende gekommen, und es genügt nicht mehr, Gleichheit als Bedingung des Dialogs zwischen den Kulturen in Anspruch zu nehmen: Man muss entscheiden, was man sagen will, und an dieser Stelle kommt mehr als Formen und Strukturen ins Spiel, nämlich die Inhalte der verschiedenen Traditionen.

X. Der dialogische Mensch

Wir haben schon gesehen, dass viele Philosophien des 20. Jahrhunderts die Sprache in den Mittelpunkt ihrer Aufmerksamkeit gerückt haben. So hat der Strukturalismus (vgl. Kap. IX) sich vor allem auf das Modell der Sprache bezogen; und schon davor haben die philosophischen Richtungen, die sich methodisch an den Naturwissenschaften orientieren, wie der Neopositivismus und die verschiedenen Formen der analytischen Philosophie, die Sprache zum privilegierten Thema erhoben. Aber auch außerhalb dieser beiden Traditionen spielt die Sprache eine zentrale Rolle, so dass Heideggers im *Brief über den Humanismus* (1947) formulierter Satz, dass nämlich „die Sprache das Haus des Seins" sei, als eine Art Motto für die Philosophie des eben vergangenen Jahrhunderts angesehen werden kann. In einem allgemeineren, über Heidegger hinausgehenden Sinne bedeutet dieser Satz, dass wir nur insofern die Welt erfahren können, als wir über eine Sprache verfügen. Aber die Sprache ist nun nicht etwas, das wir in der Welt vorfinden, so wie andere Gegenstände, die wir kennen lernen. Sie ist eine ursprüngliche „Ausrüstung", die für Heidegger (vgl. Kap. VIII) unsere konstitutive Beziehung zum Sein begründet, früher als die zu den Dingen: Bevor wir irgendein Seiendes in der Welt erfahren können, müssen wir schon in Beziehung zum Sein stehen, und diese Beziehung besteht darin, dass wir über eine Sprache „verfügen". Um diese zentrale Stellung der Sprache als Bedingung der Möglichkeit unserer Existenz in der

Welt lassen sich einige heute sehr bekannte Philosophien gruppieren, angefangen mit der Hermeneutik.

1. Die Hermeneutik: Hans-Georg Gadamer

Das Wort „Hermeneutik" kommt aus dem Griechischen und geht auf den Namen des Gottes Hermes (den lateinischen Merkur) zurück, der der Gott der Händler, der Diebe, aber auch der Bote der Götter ist. Der Ausdruck bezeichnet die Kunst der Interpretation, oft spezifiziert nach der jeweiligen Art von Texten, auf die sie angewendet wird: So spricht man von biblischer Hermeneutik, juristischer Hermeneutik, literarischer Hermeneutik usw. Seit Anfang des 19. Jahrhunderts und dann in entscheidender Weise im 20. Jahrhundert – nach Heidegger – ist die Hermeneutik eine allgemeine philosophische Richtung geworden, die die menschliche Existenz als Interpretation auffasst. Wenn in der Tat jede Erfahrung der Welt bedingt und ermöglicht ist durch den Besitz einer Sprache, wird das Erkennen nicht neutrales, passives Widerspiegeln von Tatsachen sein, sondern eine Art von „Übersetzung" dieser in die Sprache, über die wir verfügen. Alles Erkennen ist also Interpretation.

In *Wahrheit und Methode* (1960) stellt sich Hans-Georg Gadamer (geb. 1900) nicht die Aufgabe, das Modell der Interpretation ausdrücklich auf alle Arten des Wissens auszudehnen, was durchaus denkbar wäre, da ja die experimentellen Wissenschaften auf ihre Weise ebenfalls interpretativ sind. Er will vielmehr die Wahrheitsfähigkeit all jener Erfahrungsformen geltend machen, die, wie wir im Zusammenhang mit Dilthey gesehen haben (vgl. Kap. II), dem unsicheren Terrain der „Geisteswissenschaften" zugewiesen wurden: die historische und die philosophische Erkenntnis, die ästhetische Erfahrung. Auch auf diesen Feldern, wo die Methode der experimentellen Wissenschaften sich nicht anwenden lässt, gibt es Erfahrung von Wahrheit.

Das aufzuweisen beginnt Gadamer im Ausgang vom paradigmatischen Fall der Kunst. Damit ist er denkbar weit von dem entfernt, was die wissenschaftsgläubige Mentalität als Wahrheit ansieht. Gadamer zufolge ist die Begegnung mit einem Kunstwerk dann eine Erfahrung von Wahrheit, wenn und insofern sie echte Erfahrung ist, das heißt in irgendeiner Weise unser Leben verwandelt und uns nötigt, unsere Weise, in der Welt zu sein, zu verändern. Wir alle können Beispiele für Ereignisse dieses Typs anführen: die Lektüre eines großen Romans, das Hören eines großen Musikstücks usw., die uns verändert haben. Das Kunstwerk – aber auch ganz allgemein jedes „Produkt" des Geistes: ein historisches Dokument, ein philosophischer Text, mit dem wir in Kontakt kommen – ist nicht ein Ding, das neben anderen in der Welt vorkommt. Es ist vielmehr eine andere Sicht auf die Welt, mit der wir in Dialog treten und mit der, im Falle eines gelungenen Dialogs, unsere Sicht in einem gemeinsamen Horizont verschmilzt.

Weil es untrennbar ist von den Interpretationen, die davon gegeben werden, lebt das Werk und wird im Laufe der Geschichte reicher: Ein Text Platons oder die *Göttliche Komödie* sind heute auch geprägt von den Spuren der „Lesarten", die sie im Laufe der Tradition, die sie uns überliefert hat, erfahren haben. Der Kern dieser Tradition selbst hat für Gadamer die Struktur des Dialogs.

2. Die unbegrenzte Kommunikationsgemeinschaft und das kommunikative Handeln: Apel und Habermas

Auch für Karl-Otto Apel (geb. 1922) und Jürgen Habermas (geb. 1929) gilt die These, dass es kein Denken und keine Rationalität gibt ohne Sprache. Aber bei ihnen nimmt sie eine ausdrücklichere ethisch-politische Färbung an. Apel und Habermas richten ihre Aufmerksamkeit vor allem auf die Bedingungen der Möglichkeit des richtigen Gebrauchs der Sprache, mehr als auf die Transformation dessen, was die Tradition unter „Subjekt" und „Objekt" versteht. Unter Berufung auf eine berühmte Bemerkung Wittgensteins, nach der man ein Sprachspiel nicht allein spielen könne, hebt Apel die Tatsache hervor, dass der Gebrauch der Sprache immer die Beachtung bestimmter Regeln voraussetzt: Auch wenn ich eine ganz und gar private Sprache erfinde, muss ich, wenn ich sie benutze, die Regeln und die Bedeutungen beachten, die ich festgesetzt habe. Das bedeutet, dass ich immer, auch in diesem Extremfall, gegenüber einem vielleicht nur idealen Gesprächspartner verantwortlich bin für den richtigen Gebrauch der Sprache. Im Gebrauch der Sprache liegt also so etwas wie eine Regel, die ich nicht verletzen darf – bei Strafe der Unbrauchbarkeit der Sprache. Die Beachtung der Regeln und die Achtung des Gesprächspartners (dem ich idealerweise für die Beachtung der Regeln verantwortlich bin) hängen immer zusammen. Ein solcher Gebrauch der Sprache ist, sagt Apel, vom Ideal der unbegrenzten Kommunikationsgemeinschaft geleitet: Die Kommunikation darf also nicht gestört oder durch mangelnde Beachtung der Regeln undurchsichtig gemacht werden.

Habermas teilt diese Thesen, spezifiziert sie aber noch in einem anderen Sinne: Die Rationalität selbst ist für ihn identisch mit der Fähigkeit, eine bestimmte Aussage oder auch ein bestimmtes Verhalten mittels Argumenten auszuweisen und zu rechtfertigen, so dass sie gegenüber einem Gesprächspartner gelten können. Jedes menschliche Verhalten trägt, wenn auch nur implizit, diesen Geltungsanspruch in sich. Diese argumentative Rationalität ist das Webmuster der Lebenswelt, in der wir mit den anderen in Beziehung stehen. Im Inneren dieser Lebenswelt differenzieren sich die spezifischen Rationalitäten nach besonderen Bereichen, die Habermas „Systeme" nennt: so das System der politischen Macht, das System der Wirtschaft usw. Diese Systeme (die ein wenig an Webers Sphären formaler Rationalität erinnern) können mit der kommunikativen Rationalität in Konflikt geraten, wenn sie den Anspruch erheben, ihre eigenen Mechanismen auf die Gesamtheit der Lebenswelt auszudehnen. Das ethische Verhalten muss also diese ungebührlichen Kolonisierungen vermeiden. Die Gesellschaft kann nicht lediglich als ein ökonomischer, politischer, produzierender usw. Organismus funktionieren, in dem die Individuen auf bloße Mittel für die Zwecke reduziert werden, die jedes System auf strategische Weise verfolgt. Die Gesellschaft ist vielmehr in erster Linie ein dialogisches Ganzes, in dem sich jedes partikuläre Bestreben nur innerhalb einer Verständigung unter freien Gesprächspartnern legitimieren lässt, die mit gleichen Rechten ausgestattet sind.

Wie man sieht, wird hier die ursprüngliche Verbindung des Denkens mit der Sprache zur Grundlage einer Philosophie, in der der Dialog als oberstes ethisches Kriterium sowohl für die Moral wie für die Politik fungiert.

3. Das Antlitz des Anderen und das Unendliche: Emmanuel Lévinas

Die besondere Aufmerksamkeit für die Sprache, die wir bei den bisher erwähnten Autoren beobachtet haben, führt dazu, dass der Beziehung zum anderen für jeden philosophischen Diskurs eine ausschlaggebende Bedeutung zukommt. Diese Orientierung wird bestimmend im Denken von Emmanuel Lévinas (1906–1995). Im Mittelpunkt seines Werkes steht die Begegnung mit dem Antlitz des Anderen, das sich uns zeigt vor aller Begegnung mit den Dingen und der Welt und das in keiner Weise auf ein Objekt zurückführbar ist. Die Verantwortung angesichts des Anderen kommt „früher" – nicht im chronologischen Sinne, sondern im Sinne der Würde – als jedwede erkenntnismäßige Verantwortung gegenüber einer „objektiven" Wahrheit. Die europäische Philosophie, die vor allem vom griechischen Erbe geprägt ist, hat immer die Ontologie besonders ausgezeichnet, d. h. eine allgemeine Lehre vom Sein und von den universalen Merkmalen der Wirklichkeit. Aber in erster Linie an die allgemeinen Merkmale des Seins, an die universalen Wesenheiten zu denken heißt: in Kauf nehmen, die einmalige Individualität des Anderen nicht zu achten. Welche Achtung können wir vor dem Anderen haben, wenn wir ihn in seinem Wesen als ein „Exemplar" der menschlichen Gattung sehen? Die Würde des Anderen hängt an der Tatsache, wie Lévinas sagt, dass sein Antlitz zum Unendlichen, letztlich zu Gott hingewendet ist. Das stiftet eine tiefe Verbindung der Philosophie mit der Ethik und mehr noch mit der Religion. Für Lévinas ist es die biblische Offenbarung, die uns in die Verantwortung gegenüber dem Anderen zurückruft und uns dadurch befreit von der „griechischen" Obsession für das Universale und für die Wesenheiten. Von dieser ist nach seiner Ansicht die zeitgenössische Philosophie weiterhin bestimmt – in all ihren noch so tief greifenden Differenzierungen.

XI. Postmoderne

In den jüngeren philosophischen Strömungen, die wir kurz analysiert haben (Strukturalismus, Hermeneutik), sind wir auch immer öfter auf das Gefühl einer tief greifenden Epochenwende gestoßen: Im Strukturalismus hat, wie wir gesehen haben, Foucault von einem möglichen „Tod des Menschen" gesprochen (wenigstens des Menschen, wie ihn die neuzeitliche Tradition konstruiert hat, mit all seinen diskursiven Vorgehensweisen, die ihn, im Glauben, sie würden ihn emanzipieren, nach und nach als freies Subjekt aufgelöst haben). Auf der anderen Seite tendieren die Philosophien, die an Heidegger anknüpfen (z. B. Gadamers Hermeneutik), dazu, sich von der gesamten abendländischen Tradition *en bloc* zu distanzieren: sei es, weil sie in den letzten Jahrhunderten vom Szientismus infiziert worden sei, sei es, weil sie potentiell unmenschlich gemacht worden sei durch die herausragende Stellung, die sie dem Universalen im Vergleich zur individuellen Konkretheit des Anderen gegeben habe (Lévinas). Diese Wahrnehmung einer Epochenwende, in der man sich befinde – eine Wahrnehmung, die sich im Grunde schon seit den Jahren unmittelbar nach dem Zweiten Weltkrieg in der Kultur andeutet –, bringt sich heute in denjenigen Philosophien zu Wort, die vom Ende der Moderne und der Geburt der Postmoderne sprechen. Diese Wende (angenommen es gibt sie) stellt auch der Philosophie neue Aufgaben. Besondere Beachtung verdienen hier die Positionen einiger französischer und italienischer Philosophen, die (auch wenn nicht alle ausdrücklich von Post-moderne sprechen) das Gefühl teilen, an einer entscheidenden Wende der Geschichte des Denkens und der Zivilisation selbst zu stehen.

1. Lyotard und die *condition postmoderne*

Derjenige, der den Begriff der Postmoderne in die Philosophie eingeführt hat, war Jean-François Lyotard (1924–1998) mit seinem Buch *Das postmoderne Wissen* von 1979. Der Ausdruck „postmodern" war schon vorher benutzt worden, um bestimmte Stile in Dichtung und Architektur zu bezeichnen (heute kennt man als postmoderne Architekten z. B. den Italiener Paolo Portoghesi, die Amerikaner Robert Venturi, Philip Johnson usw.) – und auch von dem Historiker Arnold Toynbee, der damit neue Züge der Weltgeschichte des 20. Jahrhunderts und der Nationalstaaten kennzeichnen wollte, die durch ihre wechselnden Verhältnisse zueinander den Verlauf der Neuzeit geprägt haben. In seinem Buch von 1979 verbindet Lyotard die Geburt der Postmoderne mit der Herausbildung der fortgeschrittenen Industriegesellschaften. In diesen Gesellschaften kündigt sich eine Kultur an, die die wesentlichen Merkmale der modernen Kultur verloren hat. Für diese ist nach Lyotard kennzeichnend, dass man einigen „großen Erzählungen" oder „Metaerzählungen" Glauben geschenkt habe. Ihre Funktion war es, die menschliche Geschichte zu legitimieren, indem sie diese als eine Entwicklung auf ein bestimmtes Ziel hin vorstellten, in dessen Licht die verschiedenen Übergänge verständlich wurden und die auch Kriterien für das Verhalten lieferten. Die beiden hauptsächlichen Metaerzählungen der Moderne sind in Lyotards Buch die der Aufklärung – die die Geschichte der Menschheit als einen Prozess der Erhellung im Erkennen sieht, aus dem sich auch eine wachsende Herrschaft des Menschen über die Natur und damit ein leichteres und glücklicheres Leben ergibt – und die des Idealismus, die vor allem an eine fortschreitende Intensivierung des Selbstbewusstseins des menschlichen Geistes denkt (die nicht auf die Eroberung der äußeren Welt gerichtet ist, wie im Falle der Aufklärung, sondern auf die Selbstaneignung in einem Prozess der Befreiung, in dessen Verlauf der Mensch fast identisch wird mit Gott ...). Eine Mischung dieser beiden Metaerzählungen ist nach Lyotard der Marxismus: Für ihn geht es auch darum, die materielle Welt zu erobern, aber mit dem Ziel, dass der Mensch zu sich selbst zurückkehrt, eine Selbstaneignung vollzieht, indem er ein volles Bewusstsein seiner selbst gewinnt, das nicht mehr behindert wird durch die Unterwerfung unter „entfremdende" äußere Bedingungen. Der Glaube an die Metaerzählungen hat sich nach Lyotard aus verschiedenen Gründen aufgelöst, die sowohl mit entscheidenden geschichtlichen Ereignissen zu tun haben als auch mit der inneren Schwäche der Metaerzählungen selbst und mit bestimmten allgemeinen Merkmalen unserer spätindustriellen Epoche. Allgemeiner gesprochen zerbrechen die aufklärerische und die idealistische Metaerzählung unter dem Einfluss der Entwicklungen in Wissenschaft und Technik: insofern diese sich nicht mehr als eine Weise denken lassen, wie sich die Menschheit emanzipiert (infolge der negativen Auswirkungen der Wissenschaften auf das Leben) oder wie sich die Freiheit des Geistes vertieft (auch weil die Wissenschaften sich nicht mehr in einem geistigen Selbstbewusstsein vereinigen lassen ...).

Wenn die Metaerzählungen dahinschwinden, scheint jegliches Prinzip der Legitimation und auch der Kritik an dem, was existiert, verloren zu sein. Indessen kann Legitimation nach Lyotard auch durch Formen lokalen Konsenses erfolgen, wir könnten sagen durch Erzählungen von begrenztem Radius, in denen Gruppen und Gesellschaften zu bestimmten Zeitpunkten übereinkommen. Es handelt sich um befristete Vereinbarungen, die nie in großen Systemen organisierbar sind, die sich also jeder Form von „totaler", zentralisierter, bürokratisierter Organisation entziehen und für die stattdessen eine unablässige Tätigkeit des Dialogs und stets zu erneuernde Vereinbarungen erforderlich sind.

2. Das Ende der Moderne und das schwache Denken

Es gibt auch in Italien eine philosophische Ausarbeitung der Thematik der Postmoderne, bei der der Verfasser dieser Seiten eine Rolle spielt. Der relevante Unterschied liegt in einem Einwand gegen Lyotard, der in dem Buch *Das Ende der Moderne* (1985) vorgetragen wird: dass man die Metaerzählungen nicht als schlechthin vergangen behandeln könne. Auch Lyotard muss, um zu erklären, dass sie nicht mehr gelten, eine Geschichte erzählen (so z. B. wie der Stalinismus den Marxismus desavouiert hat oder wie die Entwicklung der Wissenschaften die Hoffnung auf ihren emanzipatorischen Wert desavouiert ...). Auch er macht noch von einer *narrativen Legitimation* Gebrauch. Ich behaupte also, dass die Postmoderne sich nur durch die Erzählung vom Ende der Erzählungen legitimiert. Und das bedeutet: Zur Kenntnis zu nehmen, dass die Metaerzählungen an ihr Ende gekommen sind, heißt nicht einfach, sich einer Pluralität zu öffnen, von der wir nichts anderes sagen können, als dass sie plural sein müsse; sondern es heißt, dass man versucht zu verstehen, warum und wie die Metaerzählungen an ihr Ende gekommen sind, und dieses „Warum" als Leitfaden zu benutzen für Urteile, ethische Entscheidungen usw. Betrachten wir z. B. das Ende der Kolonialherrschaft in sehr vielen außereuropäischen Ländern. Eine rein „Lyotardsche" Idee von Pluralität würde sich darauf beschränken, Befriedigung zu empfinden, dass die Tendenz zur globalen Vereinheitlichung, die im Kolonialismus liegt, durchbrochen wurde und dass sich viele unterschiedliche unabhängige Staaten gebildet haben. Was aber, wenn dann Diktaturen errichtet werden? Man muss sagen, dass der Übergang zur Postmoderne eine Richtung anzeigt: von den starken Einheiten zu den schwachen Vielfältigkeiten, von der Herrschaft zur Freiheit, vom Autoritarismus zur Demokratie. Dies ist der Sinn (wenn auch nicht der einzige) des *schwachen Denkens*, das auch im Titel eines von mir und Pier Aldo Rovatti 1983 herausgegebenen Aufsatzbandes steht: Hier wird auf das Erbe Nietzsches und Heideggers zurückgegriffen, um zu sagen, dass der Übergang von der Moderne zur Postmoderne der Übergang von starken zu schwachen Strukturen ist: keine Systeme mehr, keine allumfassenden Ideologien, keine Vernunft, die „im Mittelpunkt steht". Aber all das nicht als einfaches Zur-Kenntnis-Nehmen eines Sachverhaltes, einer wahreren, nämlich pluralen, Struktur der „Wirklichkeit". Es geht vielmehr um einen Vorschlag für die Deutung der Geschichte des Abendlandes, die auch ein Lektüreprinzip, einen Leitfaden zu benennen versucht.

Dabei spielt sogar eine bestimmte Interpretation der Bedeutung des Christentums eine Rolle: Die Menschwerdung Gottes ist ebenfalls ein Ereignis der Schwächung, in dem Gott sich niedrig macht und die Schrecken erregenden Züge verliert, die ihm die primitiven Religionen zugeschrieben hatten (dazu *Glauben – Philosophieren*, 1996).

Lyotard tritt also für die Auflösung der großen Erzählungen ein, während das schwache Denken es für wichtig hält, die Geschichte dieser Auflösung weiterhin zu erzählen. Von zentraler Bedeutung bleibt jedenfalls der Begriff der Erzählung. Ihm kommt auch bei dem dritten Autor, über den wir sprechen wollen, eine zentrale Stellung zu.

3. Eine Philosophie der Narrativität: Paul Ricoeur

Auch aus dem Denken von Paul Ricoeur (geb. 1913) erwähnen wir, wie bei Lyotard, hier nur einige Aspekte, die in den Zusammenhang von Moderne und Postmoderne gehören. Ricoeur spricht nicht ausdrücklich von Postmoderne. Aber seine Thesen über die Narrativität sind von besonderem Gewicht, weil man sie sowohl denen Lyotards entgegensetzen als auch diesen zur Seite stellen kann, nämlich als Anerkennung dessen, dass Rationalität immer erzählend ist (eventuell, wie für Lyotard, beschränkt auf eine „lokale" Narrativität usw.). Das Werk Ricoeurs, das uns interessiert, ist *Zeit und Erzählung* (1983–1985).

In anderen, früheren Werken hatte Ricoeur bereits die Wichtigkeit von Symbolen im Denken untersucht. Sein Interesse richtet sich darauf, die Wahrheit von Gedanken anzuerkennen, die sich nicht in rein logischer und begrifflicher Gestalt formulieren lassen. Einem Reden in bloßen Begriffen gelingt es nicht, die Zeitlichkeit zu erfassen, die für die menschliche Existenz jedoch charakteristisch ist. Die Zeitlichkeit begreift man nur in einem Denken, das als Erzählung strukturiert ist: Die zentrale Rolle von Erzählungen in der Geschichte der Menschheit – von den Mythen bis zur Literatur der entwickelten Kulturen – zeigt, dass der Mensch das rationale Ordnen der eigenen erlebten Erfahrung eher und fundamentaler in narrativen Formen vollzieht als in logischen, wissenschaftlichen usw. Wie der Mensch der so genannten primitiven Kulturen die Gestalt des eigenen Lebens auf der Grundlage der Mythen formt, so stellt der Mensch der modenen Gesellschaft die eigene Existenz, wenn er davon Rechenschaft gibt, auf der Grundlage von Schemata dar, die er in seiner Kultur vorfindet und die exemplarisch in der Literatur artikuliert werden. Hier liegt ein komplexes Verhältnis vor: Die Literatur ahmt das Leben nach, aber das Leben gestaltet sich auch neu nach der Literatur. So ist es nicht ohne Bedeutung, dass wir zum Beispiel, wenn etwas besonders Fürchterliches geschieht, von einer „Tragödie" sprechen. Zur Epochenwende, welche die Philosophie erlebt, gehört nicht nur die Vorstellung vom Ende der großen Erzählungen, sondern auch der Verdacht, dass das narrative Denken eher fähig sei, die Wahrheit der menschlichen Existenz zu erfassen, als das logische, abstrakte, wissenschaftliche Denken.

4. Differenz, Schrift, Dekonstruktion: Derrida

Nichtsdestoweniger kann auch die Narrativität noch als ein allzu beruhigendes Deutungsschema erscheinen. Es gibt unter den Denkern, die man als postmodern ansprechen kann (und die sich nicht immer selbst dafür halten) noch eine radikalere Position, und zwar die von Jacques Derrida (geb. 1930). Eine systematische Darstellung seines Denkens ist schwierig – auch wenn die Kritik, die oft gegen ihn gerichtet wird, nicht gerechtfertigt ist: dass es sich um Irrationalismus handle, um verbale Drahtseilakte, um gewollte Dunkelheit mit der Absicht, Staunen zu erregen. Derrida ist vielleicht derjenige heutige Denker, der die Aufgabe, aus der philosophischen Tradition der Neuzeit herauszutreten, am radikalsten ernst nimmt – ein bisschen wie Heidegger, dessen Spätwerke ebenfalls starke Abweichungen vom traditionellen philosophischen Stil zeigen. Wir werden uns darauf beschränken, auf einige tragende Ideen der Arbeit Derridas aufmerksam zu machen.

Dass es darum geht, aus der Tradition herauszutreten, eine Kehrtwendung zu vollziehen, meint Derrida aus Gründen, die denen Heideggers vergleichbar sind. Die metaphysische Tradition hat stets die Gegenwart besonders ausgezeichnet, die Evidenz in voller Tageshelle, aber dieses Denken ist auf ambivalente Weise mit Gewalt verbunden: Die Gewissheit, den letzten Grund erfasst zu haben, führt oft zur Intoleranz. Ferner lässt die privilegierte Stellung, die den universalen Wesenheiten eingeräumt wird, die Würde der Einzelnen vergessen (in diesem Punkt stimmt Derrida mit Lévinas überein, vgl. Kap. X), und sie ist Ausdruck der Gefangenschaft im Mythos von einem vollkommenen Ursprung, zu dem man immer zurücksteigen müsse: zum Beispiel von der Rede zur Gegenwart der Sache, von den Folgen zur Ursache usw. Der Ursprung lässt sich jedoch nicht in dieser Weise charakterisieren. Vereinfachend kann man sagen, dass jede Erfahrung des Lebens, die wir machen, schon eine Verdoppelung ist, die die Gegenwart in eine Ferne rückt: Wir erfassen die Sache nur im Wort, das sie anzeigt. Aber das Wort gewinnt seine Bedeutung in einem Code, in einem System, das die Sache auf eine Ebene übersetzen muss, die nicht unmittelbar ist – sonst würde es sie ganz verlieren. Die Wörter sind Verdoppelungen von Abwesenheit, und zudem werden sie in einer Sprachgemeinschaft festgelegt, die, insofern sie historisch und kulturell bestimmt ist, in wieder anderer Weise Distanz zur Unmittelbarkeit schafft. Das führt dazu, dass für Derrida die wahre Gestalt der Sprache die Schrift ist, nicht das gesprochene Wort. Derrida erinnert an den Mythos von Theuth in Platons *Phaidros*. Thamus, der König, weist das Geschenk der Schrift zurück, weil er der Differenz misstraut, weil er die Gegenwart will. Darin besteht die Ursünde der Metaphysik als des Denkens der Gegenwart – das auch ein gewalttätiges, autoritäres, Zwänge auferlegendes Denken ist. Der Primat, der dem in der Gegenwart gesprochenen Wort verliehen wird, ist der „Logozentrismus". Für Derrida dagegen steht die Schrift im Mittelpunkt, d. h. die Texte. Nicht weil wir durch sie zu den Sachen kämen: das wäre noch eine Gegenwartsmetaphysik. Von den Texten hängt unser jetziges Sein ab, es sind die Texte unserer Tradition, die die Sprache, innerhalb derer wir die Welt erfahren, bis hin zu uns tragen. Aber wenn es nicht darum geht, durch sie hindurch zu den Sachen selbst zu kommen, warum und wie soll man sie dann lesen? Es wird notwendig sein, sie zu „dekonstruieren", d. h. sie so zu lesen, dass man versucht, das autoritäre Spiel durcheinander zu bringen, dessen Träger sie stets sind, wenn sie den Anspruch erheben, die letzte Wahrheit zu sagen und wirklich von den Sachen selbst zu sprechen. Es geht darum, in ihnen das Spiel zwischen Gegenwart und Abwesenheit zum Vorschein zu bringen: zum Beispiel indem man beim Lesen „psychoanalytische" Techniken anwendet, um die akzeptierten Hierarchien durcheinander zu bringen und auf den Kopf zu stellen. Diese Positionen haben Derrida eine große Popularität vor allem in den geisteswissenschaftlichen Fächern verschafft, speziell in der Literaturwissenschaft. Aber sie werfen auch Probleme auf, die das Wesen der Philosophie selbst betreffen, die vielen unaufhebbar mit dem Logozentrismus verbunden erscheint. Sollte die Postmoderne etwa auch die Epoche der Postphilosophie sein?

XII. Die Kunst und ihre Wahrheit

Wir widmen die abschließenden Kapitel dieses „Lageplans" einer kurzen Reihe von „Einstellungen", die nicht historisch, sondern thematisch sind. Wir werden einige zentrale Probleme der Philosophie herausgreifen und ihre Entwicklung in der Kultur des 20. Jahrhunderts skizzieren.

Wir beginnen mit dem Thema der Ästhetik. Dass wir es als erstes in Angriff nehmen, ist bis zu einem gewissen Punkt willkürlich, aber nicht nur: Im Klima einer Epochenwende, das (wie in den letzten Kapiteln deutlich geworden ist) einen guten Teil der heutigen Philosophie prägt, kommt es auch zu einer neuen Problematisierung des Verhältnisses zwischen Philosophie und Kunst, Philosophie und Dichtung – so, als ob bestimmte Wahrheiten, die die Philosophie zu enthüllen hat, eher in der Dichtung als im theoretischen Denken gefunden werden könnten.

1. Kunst und Wahrheit

Die Ästhetik des 20. Jahrhunderts teilt in vieler Hinsicht den Geist der künstlerischen Avantgarden vom Beginn des Jahrhunderts. Diese haben tiefe Wurzeln in der Romantik: Romantisch ist die Vorstellung des Künstlers als Ausnahme und als Genie, das nicht mehr auf bestimmte Aufträge angewiesen ist, wie das bei den Künstlern der vorangehenden Jahrhunderte der Fall war, die als Hofmusiker, päpstliche Maler usw. regelrecht auf Bestellung arbeiteten. Auch wegen dieser – autonomeren, aber ungesicherten – sozialen Stellung nehmen viele Künstler des 20. Jahrhunderts an der Rebellion gegen die frühe Massengesellschaft teil, die vom humanistischen Geiste inspiriert ist. Sie sind unduldsam gegen die ererbten Sprachformen, die ihnen jetzt verbraucht und unfähig zu wahrer Kreativität erscheinen (man denke an Thomas Manns Roman *Doktor Faustus*), und sie haben eine polemische Einstellung zur „bürgerlichen" Gesellschaft, zu der Gesellschaft des Wohlstandes und des Fortschrittsglaubens, die, wie wir gesehen haben, für die *Belle Époque* typisch war. Die Erneuerung der verschiedenen Künste geht auch mit einem neuen Durchdenken der Rolle der Kunst im Ganzen der menschlichen Erfahrungen einher: Es geht nicht nur darum, andere Bilder zu malen, sondern auch darum, sich zu fragen, ob sie in Museen und Galerien aufgestellt werden sollen. Das wird von Theodor W. Adorno (1903–1969) in seiner Theorie der Kunst der Avantgarde in Frage gestellt. Adorno sieht in allen seinen Werken und besonders in dem, das bezeichnenderweise seine Tätigkeit als Schriftsteller abschließt (*Ästhetische Theorie*, erschienen 1970, ein Jahr nach seinem Tode), das Charakteristikum wahrer heutiger Kunst darin, dass sie nicht nur Werke produziert, sondern die Situation der Kunst und des Künstlers in der Welt selbst zum Problem macht. Die Einleitung zur *Ästhetischen Theorie* beginnt mit einem Abschnitt, in dem gezeigt wird, dass die „Selbstverständlichkeit der Kunst" verloren gegangen ist – ein Abschnitt, der eben den Gedanken entwickelt, dass es die „Unschuld" des Künstlers heutzutage nicht mehr gebe, sondern höchstens ein Sichüberlassen an die Verlockungen der Kulturindustrie.

Diese Position Adornos spiegelt allerdings eher das Bewusstsein der Künstler wider als das der philosophischen Ästhetik, jedenfalls der vorherrschenden. Natürlich gibt es bei den Philosophen Ausnahmen: zum Beispiel, und vor allem, Hans-Georg Gadamer (geb. 1900), von dem schon in Kap. X die Rede war und der in *Wahrheit und Methode* seine Erörterungen über die Möglichkeit von Wahrheitserfahrung außerhalb der Naturwissenschaften gerade mit einer Analyse der Wahrheit der Kunst beginnt. Die Kunst ist Erfahrung von Wahrheit, weil sie wahre Erfahrung ist. Sie verwandelt uns, verändert unsere Sicht der Welt, bringt Werke hervor, die nicht einfach zur Welt hinzukommen als Gegenstände unter Gegenständen. Gadamer nimmt hier eine These von Martin Heidegger (1889–1976; vgl. Kap. III und VIII) auf, der in einem großen Aufsatz von 1936 mit dem Titel *Der Ursprung des Kunstwerkes* die besondere Weise analysiert, wie das Kunstwerk inmitten der Dinge gegenwärtig ist: Es *eröffnet eine Welt*, es ist der Anfang einer geschichtlichen Welt, es bestimmt grundlegend, indem es eine Sprache schafft, die Linien, gemäß denen eine bestimmte Gesellschaft und die Menschen in ihrer jeweiligen Zeit die Welt erfahren. Man versteht das, wenn man an die grundlegende Funktion denkt, die bestimmte Dichter in der Antike hatten (bei den Griechen Homer und Hesiod, dann die Tragiker), oder auch an die Bedeutung der Bibel in unserer Tradition (und an die – oft blutigen – Kämpfe um die Auslegung dieser oder jener Stelle darin). Und dann zum Beispiel an Dante, der, wie oft gesagt wird, die italienische Sprache „geschaffen" hat. Was aber ist mit den Werken von „geringerer Bedeutung"? Auch sie eröffnen die Welt, weil sie wie „Quasi-Subjekte" sind – wie Mikel Dufrenne (1910–1995) in seiner *Phénoménologie de l'expérience esthétique* (1953) gesagt hat. Auch die Werke geringeren Ranges legen die wesentlichen Züge unserer Weise fest, die Ereignisse und Erfahrungen zu deuten, indem sie zeigen, wie die subjektive Innerlichkeit im Werk eine konkrete, sichtbare Gestalt annimmt und in Beziehung zur Welt tritt.

Das Kunstwerk hat also bei diesen Autoren ein entscheidendes Gewicht in der Geschichte. Dieses Gewicht hängt damit zusammen, dass sich in ihm etwas ereignet, das nicht nur von der Persönlichkeit des Künstlers bestimmt wird, das nicht willkürlich ist, auch wenn es etwas völlig Neues und Unvermutetes ist, etwas, das aus keinem schon vorher bestehenden Gesetz notwendig folgt. Dieser besondere Charakter des künstlerischen Schaffens – das sich nach einem Gesetz vollzieht, dessen Geltung zum ersten Mal mit dem Werk selbst zu Tage tritt, das aber nicht im Belieben des Künstlers steht (sonst wäre es unverständlich, warum der Künstler korrigiert, einen neuen Anlauf nimmt usw.) – ist einer der Punkte, auf die der italienische Philosoph Luigi Pareyson (1918–1991) besonderen Wert legt. Pareyson hat die vielleicht einzige systematische Ästhetik der zweiten Hälfte des 20. Jahrhunderts geschrieben und diese Thesen zum ersten Mal in seinem Buch *Estetica. Teoria della formatività* (1954) vorgetragen. Das, was im Kunstwerk geschieht, ist – durch diesen seinen über-subjektiven Charakter – ein Ereignis von ontologischem Rang, es betrifft das Sein selbst. Im Prozess der Entstehung des Kunstwerks stellt sich die Idee, die den Künstler leitet, nicht als ein allgemeines Gesetz dar, das unter Absehung von dem konkreten Werk aufgestellt worden ist, sondern lediglich als „das Gesetz eines im Verlauf befindlichen Prozesses". Auf dieselbe Weise ist das Sein der Dinge kein ein für alle Mal gegebenes allgemeines Gesetz, sondern es ist gegenwärtig nur in der konkreten Interpretation, das heißt in der konkreten Entfaltung einer ganz bestimmten Gestalt der Wahrheit. (Pareyson entwickelt seine Ontologie dann auch noch auf anderen Ebenen – darüber haben wir in Kap. VIII bereits gesprochen.)

2. Kunst und Gesellschaft

Der Geist der Avantgarde des 20. Jahrhunderts entfaltet sich nicht nur in der Neubewertung der Wahrheit der Kunst, sondern auch in dem Bemühen, der Kunst eine aktive Rolle bei der Veränderung der Gesellschaft zu übertragen. Da gibt es als Allererstes die so genannte engagierte Kunst *(art engagé)*. Viele künstlerische Bewegungen der Avantgarde hatten ein enges Verhältnis zu den revolutionären politischen Bewegungen des Jahrhunderts, in erster Linie zum Kommunismus, aber auch zum Faschismus – man denke an die faschistischen Themen, die bei manchen Vertretern des italienischen Futurismus (wie Marinetti) eine Rolle spielen. Was den Kommunismus angeht, so sind die Surrealisten in den 20er Jahren geschlossen Anhänger der französischen Kommunistischen Partei; in den 30er Jahren lösen sie sich davon bzw. werden ausgeschlossen, weil sich das Sowjetregime, das sich in der UdSSR etabliert hat, inzwischen einer traditionelleren Kunst bzw. einer offiziellen Propagandakunst zugewandt hat. Mit dem komplizierten Verhältnis zwischen Kunst und Kommunismus hängt die bedeutendste marxistische Ästhetik des 20. Jahrhunderts zusammen, diejenige von György Lukács (1885–1971). Lukács war nie ein Theoretiker der Regimekunst in dem strengen Sinne, in dem sie als „sozialistischer Realismus" in die Geschichte eingegangen ist. Ihm schwebte jedoch stets eine „kritische" Kunst vor, die in der Lage wäre, die Realität widerzuspiegeln (also eine realistische Kunst), aber auch, die Widersprüche und Spannungen in ihr aufzudecken, die durch die Revolution geheilt werden sollten. Er bewunderte besonders Thomas Mann und bestimmte realistische Autoren des 19. Jahrhunderts (z. B. Balzac). Nutzlos und dekadent erscheint ihm dagegen die Kunst der Avantgarden: Kafka, Joyce usw. Viele seiner Essays zur Literatur sind auch heute noch eine faszinierende

Lektüre – z. B. die über Goethe oder Thomas Mann. In ihnen scheint Lukács den Stil Hegels wiederaufzunehmen, dessen Ästhetik überaus faszinierende Passagen enthält, in denen er mit großer Meisterschaft die Werke der Kunst als Zeugnisse der Geschichte des menschlichen Geistes liest.

Der vielleicht größte und vollkommenste Vertreter einer politisch engagierten, aber zugleich wirklich gelungenen Kunst ist der Dramatiker Bertolt Brecht (1898–1956). Für ihn kann die Kunst nicht abstrakt danach streben, Schönheit zu produzieren. Brecht schreibt in seinem Gedicht „An die Nachgeborenen“: „Was sind das für Zeiten, wo / Ein Gespräch über Bäume fast ein Verbrechen ist / Weil es ein Schweigen über so viele Untaten einschließt!" Sein dramatisches Werk exponiert die Idee eines „epischen Theaters“, in dem – gegen die „Magie“ der Bühne, die die Welt vergessen lässt – immer wieder Zwischentexte eingeschoben werden, Unterbrechungen der Handlung und der Dialoge von Seiten der Schauspieler selbst, die beurteilen, kommentieren, den Zuschauer auffordern, nicht alles, was er sieht, einfach nur hinzunehmen. Die ästhetische Befriedigung, die beruhigt und ein Gefühl von Harmonie vermittelt (nach der klassischen aristotelischen Lehre von der Katharsis), wird von Brecht als „kulinarisch“ gebrandmarkt. Auch und gerade das ist eine Weise, wie die Kunst versucht, ihren „Rahmen“ in Frage zu stellen, ihren eigenen Status als bloßer Schmuck, Unterhaltung, unverbindliches Spiel.

3. Kunst und moderne Technologie

Das Verhältnis von Kunst und Gesellschaft kommt nicht nur im politischen Engagement der Künstler oder der Theoretiker zum Ausdruck, sondern auch in einer allgemeineren Aufmerksamkeit für die Veränderungen, denen die Kunst in der modernen Welt unterliegt, und zwar aufgrund des Aufkommens neuer Techniken. Darum geht es in den Überlegungen von Walter Benjamin (1892–1940), der zum Kreis der Autoren der Frankfurter Schule (vgl. Kap. VII) gehörte und der, neben vielem anderen, einen kurzen Aufsatz geschrieben hat mit dem Titel *Das Kunstwerk im Zeitalter seiner technischen Reproduzierbarkeit* (1936). Darin vertritt er die Ansicht (und nimmt damit eine Position ein, die zum Beispiel von seinem Freund Adorno scharf kritisiert worden ist), dass die neuen Techniken (wie die Photographie, Tonaufnahmen oder dann das Kino) das Wesen der ästhetischen Erfahrung tief greifend verändern werden: Nicht nur diejenigen Künste, zu deren Natur die technische Reproduzierbarkeit gehört (die Photographie und das Kino als deren Weiterentwicklung), lösen die Idee eines „Originals" auf, eines ersten und „authentischen" Exemplars, in dem der Wert des Werkes „seinen Sitz hat"; sondern auch in Bezug auf die Werke der Vergangenheit (wie die Mona Lisa) werden die Techniken der Reproduktion, einmal entwickelt und vervollkommnet, den Wert des Originals als „Fetisch" aufheben, diese Art von „Aura" (wie der Heiligenschein, der den Kopf der Heiligen umgibt), die nur schwer vom ökonomischen Wert des einzigen Exemplars zu trennen ist. Benjamin will auf diese Weise aufheben a) die Vermengung des ästhetischen Wertes mit dem Verkaufswert der Werke, aber auch und vor allem b) den ganzen „kultischen", fast abergläubischen Wert, der das große Kunstwerk umgibt und der nach Benjamin – vom Standpunkt seiner marxistischen Sicht der Dinge (zu der er sich zu einem bestimmten Zeitpunkt seines Lebens „bekehrt" hat) – ebenfalls ein Zeichen von Entfremdung ist. Die Kunst soll etwas Gewöhnlicheres werden, wo alle – wie das beim Tonband, bei der Film- oder Videokamera usw. der Fall sein wird – gleichzeitig Zuschauer und Autoren sein können. Diese Thesen konnte Benjamin nur in diesem einen Text vertreten. Er kam nicht dazu, sie weiter zu entfalten, da er sich das Leben nahm, als er vergeblich versuchte, von Frankreich nach Spanien zu gelangen und so den Nazis zu entkommen.

Es handelt sich um sehr problematische Thesen. Aber sie weisen auf zwei Probleme hin, die in der ästhetischen Diskussion nach wie vor lebendig sind: auf das Problem der Veränderungen, die die neuen Techniken für das Wesen dessen, was wir Kunst nennen, nach sich ziehen (man denke an die Rockmusik, die Videokunst usw.), und dann auf die weiter reichende Frage, ob mit den neuen Techniken nicht der Zeitpunkt des „Todes" jener Kunst näher gerückt ist, die vom alltäglichen Leben strikt getrennt bleibt. Hegel hatte die Philosophie als „Sonntag des Lebens" bezeichnet, und in diesem Sinne erscheint die Kunst als außergewöhnliche Erfahrung von Schönheit, die sich jedoch gegen einen Hintergrund von Alltäglichkeit abhebt, der umso hässlicher und unbefriedigender ist. Marx meinte, dass durch die Revolution und die Errichtung der klassenlosen Gesellschaft die Kunst allen zugänglich sein und die ästhetische Erfahrung nicht mehr nur ein außergewöhnlicher Augenblick sein werde: eine Hoffnung, die sich nicht erfüllt hat, wie wir festgestellt haben. Was übrig bleibt, ist die von Benjamin geahnte Möglichkeit, dass es die Technik sei, die eine ästhetische „Erlösung" der gesamten alltäglichen Existenz erlaube. An diesem Ideal haben sich zum Beispiel die zahlreichen Theorien des Design orientiert, die der Möglichkeit nachgegangen sind, dem alltäglichen Leben und der Umwelt Merkmale von Schönheit aufzuprägen. Aber auch hier sind die Ergebnisse uneindeutig. Vielen erscheint es so, als ob die Ästhetisierung der Welt, in der wir leben, sich dann doch beschränkte auf die Banalität der „Konfektionen", der bunten Werbung, der Filme im Hollywoodstil, die immer gut ausgehen: Dabei ist doch – wie Adorno, aber auch Heidegger uns immer wieder in Erinnerung zu rufen versucht haben – das Erleben von Kunst eine beunruhigende Erfahrung, die „eine Welt eröffnet", die eine Alternative zu der gegenwärtigen ist. Die Erfahrung der Kunst vermag es, zugleich unsere Gewohnheiten und unsere Sicherheiten zu erschüttern und unsere Fähigkeit zur Kritik zu wecken, anstatt sie einzuschläfern.

XIII. Ethik, Authentizität und Lebensstil

Das Gebiet der Ethik ist ein außerordentlich weites Feld, und die Probleme sind sehr zahlreich und schwer mit einfachen Begriffen zusammenzufassen. Um eine ganz elementare Einteilung vorzunehmen, sagen wir, dass wir in diesem Kapitel (nach einem allgemeinen Teil, der auch für das folgende Kapitel gilt) einen Komplex von Themen angehen werden, der von der Krise der Ethik bis zur Ethik der Authentizität reicht: dabei handelt es sich vor allem um ethische Themen, die mit dem Existenzialismus zu tun haben und bei denen die Emotionalität und die Besonderheit der Einzelnen eine Rolle spielen. Im nächsten Kapitel geht es um eine Reihe von Gegenständen der Diskussion, die mit dem vernünftigen Denken, der Intersubjektivität, sozialen Vereinbarungen, der Gemeinschaft usw. zu tun haben und die Themen streifen, die in den Bereich der Politik hinüberreichen. Ich rufe an dieser Stelle in Erinnerung, was der Sinn dieses thematischen – und nicht in erster Linie historischen – Teils unseres philosophischen Lageplans ist: theoretische Themen und Probleme genauer zu umreißen, bei deren Auswahl der Subjektivität des Interpreten (in diesem Falle des Autors dieser Seiten) eine entscheidende Rolle zukommt. Daher sind die Leser hier in besonderer Weise zum Misstrauen eingeladen – oder wenigstens dazu, eine besonders kritische und aktive Haltung an den Tag zu legen.

1. Ethik und *ethos*

Was ist *Ethik*? Auch wenn man die allgemeinen Definitionen durchgeht, die im Lexikon stehen, findet man keine strenge Definition, die umfassend und allgemein anerkannt ist. Insbesondere muss man sich vor Augen halten, dass in der Debatte über Ethik heute viele derjenigen Autoren eine Rolle spielen, die wir schon in den „historischen" Kapiteln behandelt haben. Die Frage betrifft nicht eine Spezialdisziplin der Philosophie, sondern die Philosophie in ihrem Verhältnis zur Gesellschaft, zumal zur modernen Gesellschaft. Deshalb gehört zu einer noch so schematischen Behandlung der Ethik der Verweis auf die Metaethik – ein Thema, über das wir im nächsten Kapitel sprechen werden –, auf die Kulturanthropologie, die Ethnologie, die Soziologie. In der Tat ist die Geschichte der Ethik, vor allem in den letzten beiden Jahrhunderten, nicht nur die Geschichte der normativen Theorien, sondern es geht in ihr auch um die Beschreibung und Analyse von Kulturen. Und mehr noch, mit dem Schwinden des Glaubens an universale Wahrheiten – das mehr oder weniger überall im jüngeren Denken im Gange ist – scheinen sich Ethik und Kulturanthropologie immer mehr einander anzunähern. Wegen dieser Verweisungen in viele Richtungen ist Ethik nicht nur eine Sache der Philosophen, sondern auch der Künstler, der Literaturkritiker und Dichter. Es ist eine bedeutende ethische Erfahrung, Dostojewski, Tolstoi, Thomas Mann, Musil oder andere große Dichter zu lesen; und dennoch wird die Literatur nicht zu der Spezialdisziplin „Ethik" gerechnet, noch findet man sie unter diesem Stichwort in den Lexika oder den Philosophiegeschichten – auch wenn die für diese Zusammenhänge sensibleren Geschichten der Ethik die jeweiligen Entwicklungen der Ethik in den Zusammenhang der Gesellschaft, der Kultur, der Weltanschauungen der verschiedenen Epochen stellen. Allgemein

kann man feststellen, dass die Ausbildung des eigenen persönlichen *ethos* sich oft durch das Lesen von Romanen und Ge-
dichten vollzieht – während es unmöglich ist, jemanden zur
Moralität zu erziehen, indem man ihm Texte aus der philosophischen Ethik oder gar Handbücher zu lesen gibt. In diesem
Sinne kann man sagen, dass gelebte Ethik in gewisser Weise
auch eine Frage des Geschmacks ist.

Wie dem auch sei, all das soll deutlich machen, dass a) die
ethische Bedeutung philosophischer Lehren nicht unbedingt
mit dem zu identifizieren ist, was sie über die traditionellen
Themen der Moral sagen – über das Gute, das Sollen, die zu
befolgenden Normen –, und dass es b) eine Ethik sehr oft
auch außerhalb der philosophischen Ethik im eigentlichen
Sinne gibt, z. B. in der Literatur, der Kunst usw.

2. Die großen Wendepunkte der Ethik

Das jüngere Denken weicht die Unterscheidung zwischen
Ethik („Sittlichkeit") und Moral auf, die noch Hegel vertreten
hat: Letztere betraf die subjektive Sphäre der Entscheidung
über das Handeln und die Spannung zwischen Absicht und
Verwirklichung. Die Ethik bzw. „Sittlichkeit" dagegen bezieht
sich auf den kollektiven und gemeinschaftlichen Bereich der
Weisen zu handeln, der allgemein verbreiteten Sitten und Gewohnheiten. Im Gegensatz zu der in den modernen bürgerlichen Gesellschaften üblichen Praxis, welche dazu neigen, die
gemeinschaftliche Dimension eines jeden (auch des privaten)
Verhaltens zu vernachlässigen, konfrontiert das ethische Denken aufs Neue die Zugehörigkeit zu einer Gemeinschaft und
das subjektive Handeln, die in gegenseitiger Spannung zueinander stehen. So war es in Griechenland, als die ethische Reflexion auf dem Boden der neuen politischen Gemeinschaft –

der *polis* – entstand, die an die Stelle der auf Blutsverwandtschaft beruhenden Sippengemeinschaft trat. Derselbe Vorgang wiederholte sich, als der Hellenismus die organische Gemeinschaft der *polis* und damit auch das Identitätsbewusstsein, das das Individuum in Auseinandersetzung mit dem Gesamten der Gemeinschaft erlangte, zerbrach. Stattdessen entwickelte sich ein viel weiterer politischer Horizont, in dem der Einzelne Mühe hatte, eine Wahrnehmung des eigenen Schicksals zu gewinnen und die eigene Rolle im Ganzen zu finden. In diesem geistigen Klima bildeten sich die hellenistischen Philosophenschulen (Stoa, Epikureer, Skeptiker), für die eine ausgeprägte Betonung der Ethik charakteristisch ist.

Die zweite Wende der Ethik (nach den Griechen) vollzieht sich durch das Christentum, in dem der Horizont gemeinschaftlicher Zugehörigkeit sich auf die gesamte bewohnte Welt, die *oikoumene*, hin öffnet; so überwindet es die Grenzen politischer Zugehörigkeit und stößt bis zur Gleichheit der Personen als Personen vor. Die christliche Ethik erbt im Übrigen vieles von dem platonischen Asketismus (nach dessen Auffassung das Gute für den Menschen darin bestand, sich von der sinnlichen zur intelligiblen Welt zu erheben), der mit dem christlichen Asketismus verschmilzt und auch die Lebensweise des Mönchtums beeinflusst.

Die dritte Wende hat mit der Entstehung der säkularen Welt zu tun (in der Epoche von der Renaissance bis zur Aufklärung), in der die Ethik Lösungen für die religiösen Konflikte nach der Reformation sucht. Die Ethik ist *weltlich* in der Errichtung einer befriedeten politischen Gemeinschaft, und sie analysiert das Verhältnis zwischen einem Gesetz, das *von Natur aus* gilt, und einem Gesetz, das insofern gilt, als es von einem Herrschaftsträger gesetzt ist.

Aber die große Wende, an der die Philosophie des 20. Jahrhunderts teilnimmt, wird vorbereitet durch den Einbruch der

Geschichte in die Ethik (im 19. Jahrhundert), als die Tendenz zur sozialen und historischen Kontextualisierung der Ereignisse im Bereich des Geistes so weit ins Extrem getrieben wird, dass man einen historischen Relativismus behauptet – für den jede Zeit und jeder Ort ein jeweils eigenes Kriterium für gut und böse besitzt. In dieser Sicht verliert die Ethik ihr früheres transzendentes Kriterium: das im Jenseits zu erlangende Heil. An dessen Stelle tritt ein säkularisierter Gedanke: der immanente Horizont des Fortschritts der geschichtlichen Welt. Die Idee des Fortschritts selbst hat man, wie Karl Löwith in einem berühmten Buch (*Weltgeschichte und Heilsgeschehen*, 1949), auf die christliche Idee von einem Weg der Menschheit hin zum Himmelreich zurückgeführt. Löwith zeigt, wie das moderne Geschichtsdenken (von der Aufklärung bis Hegel, von Marx bis zu den Positivisten) Erbe und weltliche Umformung der biblischen Heilsgeschichte ist. Die moderne Ethik (und insbesondere die des 19. Jahrhunderts) ist, wenn sie von Pflichten, Gesetzen des Verhaltens, moralischen Zielen und Zwecken spricht, eng gebunden an die Entdeckung eines Sinnes der Geschichte, den man erkennen und dem man „zur Hand gehen" muss, weil die Geschichte dem Besseren, der Emanzipation, der Vollkommenheit entgegengeht.

Diese Zurückführung der Moral auf die Gesellschaft und auf ihren Fortschritt (in den freilich etwas vagen Begriffen, wie ich sie hier skizziert habe) ist der Beginn dessen, was ich als Krise der Ethik bezeichnet habe – auf die ich bald zu sprechen komme.

3. Moral und Gesellschaft

Erstmals formuliert wird die Zurückführung der Moral auf die Gesellschaft im Positivismus des 19. Jahrhunderts. Wie man sich erinnern wird, sahen sich Auguste Comte und der Positivismus als Vermittler des Sinnes der Geschichte, der dahin geht, dass sich die Herrschaft der (natur)wissenschaftlichen Methode in allen Bereichen durchsetzt. Auch die Ethik war auf dem Wege zu ihrem positiven Stadium, nach dessen Erreichen sie in der Lage sein würde, in einer nicht mehr von Konflikten geprägten Gesellschaft Orientierung zu geben. Comte nennt diese Ethik im *Cours de philosophie positive* auch eine *industrielle* Ethik: In einer Gesellschaft, die vom wissenschaftlichen Erkennen ihrer selbst gelenkt wird, ist es nämlich notwendig, dass jeder Einzelne seinen Beitrag zum Funktionieren des Ganzen leistet – wie in einer leistungsfähigen Maschine, in der jeder Teil auf das Gesamte abgestimmt ist. Deswegen handelt es sich aber durchaus noch nicht um eine zynische Ethik, sondern sie formuliert sogar die Idee der Solidarität, die freilich ebenfalls als notwendig für das Funktionieren des sozialen *Mechanismus* gedacht wird.

Eine andere bedeutende Ausarbeitung der auf positivistischen Grundlagen beruhenden Ethik findet man bei Émile Durkheim (*Über soziale Arbeitsteilung,* 1893), der zwei unterschiedliche Gesellschaftstypen unterscheidet: in der einen, primitiveren, gilt die Regel, sich an den kollektiven Typus anzupassen, also zu handeln wie alle anderen; in der zweiten gilt dagegen die Regel, sich zu unterscheiden. Dieser zweite Typ von Gesellschaft ist entwickelter, nicht weil er anarchischer ist, sondern weil die Spezialisierung dasjenige ist, was den gesellschaftlichen Fortschritt im Allgemeinen sicherstellt.

Sowohl der Comtesche Positivismus als auch (wenngleich in anderer Weise) die Thesen Durkheims sehen die Zurückführung der Ethik auf soziale Funktionalität in einem optimistischen Licht, sie denken noch vom Standpunkt des Fortschritts aus.

4. Die Genealogie der Moral und die Psychoanalyse

Aber fast zur selben Zeit schrieb Nietzsche *Die Genealogie der Moral* (1887) und andere Werke, über die zu sprechen wir schon Gelegenheit hatten. In ihnen dient das Band zwischen Moral und Gesellschaft dazu, die Moral abzuwerten – Nietzsche bezeichnet sie auch als Herdenmoral. Die Stimme des Gewissens, heißt es in einem seiner Aphorismen, ist nichts anderes als die Stimme der Herde in uns, eine Manifestation des Herdentriebs in uns, der uns – aus Angst, Schwäche, Bequemlichkeit – befiehlt, es zu machen wie die anderen. Den Auffassungen in der Gesellschaft über das, was gut und böse, edel und gemein ist, liegen Gewaltverhältnisse zugrunde. Edel und gut sind Begriffe, die von den Starken, den Siegern aufgerichtet worden sind. Diese kümmern sich dann aber nicht mehr viel um Moral, sie suchen ihre Legitimation nicht in ihr. Es sind vielmehr die Schwachen, die, um mit ihrem Unglück zurechtzukommen, eine moralische Weltordnung erfinden, in der vielleicht am Ende die Schwachen – und das heißt: die Guten – belohnt und die Starken bestraft werden. So gesehen ist für Nietzsche die Moral mit ihren Regeln und Werten lediglich ein Produkt des Ressentiments derjenigen, die sich im Lebenskampf nicht durchsetzen konnten.

Wie schon aus diesen kurzen Andeutungen zu erkennen ist, ist das Aufsteigen der Moral aus den Gewaltverhältnissen für Nietzsche nicht linear: Es ist nicht so, dass die Starken, um zu herrschen, Lügen erfinden – wie die Priester nach Ansicht der Aufklärer. Der Mechanismus ist komplexer – man könnte ihn in Begriffen der Introjektion (Verinnerlichung) beschreiben, durch welche äußere Bedingungen der Existenz vom Gewissen widergespiegelt, bejaht und legitimiert werden. *Introjektion* wird später jedoch ein Begriff der Psychoanalyse sein. Ein anderer Begriff, den Nietzsche in einem Sinne gebraucht, der Freud vorwegnimmt, ist der der Sublimation, der anzeigen soll, wie aus den niedrigen Erfahrungen des Lebens (Egoismus, Interessen, Leidenschaften) diejenigen hervorgehen, die in der Gesellschaft als höchste Werte angesehen werden. Nun vertritt die Psychoanalyse (wir haben schon in dem Kapitel über die „Schule des Verdachts" darüber gesprochen) die Theorie, dass die Unterdrückung der Triebe ein wesentlicher Keim der Moral ist. Diese wird hervorgebracht durch die Zensur, die die Gesellschaft, angefangen bei der Familie, seit jeher über die Individuen und ihre Wünsche ausübt. Das, was Freud das Unbehagen in der Kultur nannte, war gerade das nicht zu überwindende Unbefriedigtsein, das aus der Unterdrückung der sexuellen Antriebe hervorgeht. Die Psychoanalyse mündet (wie übrigens auch die Philosophie Nietzsches) nicht in das positive Angebot einer bestimmten Ethik, sondern in die umfassende Entmystifizierung der Ethik – in dem Sinne, dass sie den Glauben an die Autorität und letzte Sicherheit des Gewissens untergräbt (für Nietzsche ist es nichts anderes als die „Stimme der Herde in uns", für Freud bringt sie nur die gesellschaftliche Zensur zum Ausdruck). Letztendlich wird damit auch der Glaube an die Verantwortlichkeit des Einzelnen ausgehöhlt wie auch an die „Wahrheit" der moralischen Normen, die, einmal mehr, lediglich als Funktion des Überlebens erscheinen.

5. Die existenzialistische Ethik der Authentizität

Die Wege, die das Denken des 20. Jahrhunderts einschlägt, um aus der Krise der Ethik, die sich auf diese Weise abzeichnet, herauszukommen – freilich auch, indem es viele kritische Elemente übernimmt –, sind vor allem diejenigen, die wir unter dem Namen einer Ethik der Authentizität zusammengefasst haben.

Der Ausdruck Authentizität ist besonders bei den existenzialistischen Philosophen anzutreffen: Man denke an das, was über Jaspers und Heidegger gesagt worden ist, an die Hinweise auf Sartre und davor auf Kierkegaard.

Wir können ganz allgemein sagen, dass diese Philosophen der Krise der Ethik die Idee entgegensetzen, dass der moralische Wert einer Handlung, eines Verhaltens, einer Intention vor allem von der Entschlossenheit, dem Engagement, der Aufrichtigkeit und individuellen Entscheidung abhängt, die sich darin zeigen. Das Gute ist nicht das, was zu etwas nütze ist, schon gar nicht für die Gesellschaft und für ihr „industrielles" Funktionieren, wie Comte sagte. In diesem Sinne kann Arthur Schopenhauer (1788–1860) als ein Ahnherr der Ethik der Authentizität angesehen werden, dessen Einfluss auf die geistige Entwicklung Nietzsches wir herausgestellt haben. Schopenhauer meint, dass das Wesen der Wirklichkeit der Lebenswille sei (vgl. das, was wir im Kap. V darüber gesagt haben), der zum Kampf ums Überleben führt. Die Moral sei dann eben dasjenige, was den Überlebenswillen (das Nützliche, das Eigeninteresse, die Leidenschaften, im Grunde: die Gewalt) überwindet. Insofern ist das Denken Schopenhauers auch ein Widerhall der Lehre Immanuel Kants (1724–1804), für den die oberste moralische Pflicht darin besteht, so zu handeln, dass das Prinzip meiner Handlung für alle gelten kann, als universales Gesetz – also unter Absehung von allen individuellen, empirischen, auf Nützlichkeit bezogenen Beweggründen.

Der Existenzialismus des 20. Jahrhunderts nimmt diese Kantisch-Schopenhauersche Position auf, freilich mit vielen Modifikationen. Heidegger glaubt nicht, dass der Einzelne sich nach irgendeinem allgemeinen Gesetz richten müsse. Aus diesem Grunde spricht er nicht einmal von Pflicht oder Sollen, sondern fasst die authentisch menschliche Existenz als ein Entwerfen auf, das in radikaler Weise Sache des Einzelnen ist, der sich als solcher wählt und sich nicht der unpersönlichen Welt des „Man" (*man* sagt, *man* pflegt etwas zu tun usw.) anpasst. Dieselbe Idee – in anderen, aber sehr verwandten Begriffen – findet man bei den anderen Vordenkern des Existenzialismus, Karl Jaspers und Jean-Paul Sartre. Auch wenn für keinen dieser Denker eine Ethik der Authentizität sich wirklich als voll realisierbar denken lässt (das Wort Scheitern ist typisch für Jaspers, und Sartre spricht vom Menschen als von dem gescheiterten Projekt, Gott zu sein) – es bleibt dabei, dass für sie alle die einzige Weise, so zu leben, dass es moralisch gutgeheißen werden kann, an dieses Bemühen um Authentizität und an die Ablehnung von Banalität und Anonymität gebunden ist.

Eine Spielart der Ethik der Authentizität ist auch diejenige, die man, etwas unbestimmt, Ethik der Evidenz des Guten nennen kann. Wir spielen mit dieser Formulierung auf diejenigen Autoren an, die – auch hier in jeweils unterschiedlicher Weise – eine Art von Intuition der moralischen Werte behauptet haben, die keiner diskursiven Rechtfertigung bedarf, sondern vor allem mit dem Gefühl zu tun hat. Das ist bei Max Scheler (1874–1928) der Fall, der die Ansicht vertritt, dass Werte durch eine emotionale Erfahrung erfasst werden, aber sich durchaus nicht darauf zurückführen lassen, Ausdruck von Wünschen und Ängsten zu sein. Ihnen kommt objektive Existenz wenigstens in dem Sinne zu, dass das Gefühl, das wir von ihnen haben, der Akt, in dem wir sie „erfahren" oder erfassen, uns mit etwas konfrontiert, das sich auferlegt, das wir nicht nach unserem Gutdünken manipulieren können. Auf der einen Seite entgeht die emotionale Intuition durch dieses objektive Moment der Unverfügbarkeit dem Relativismus; andererseits handelt es sich bei der Objektivität, die Scheler als ein Merkmal dieser bestimmten emotionalen Erfahrung aufweist, nicht um die Objektivität einer Tatsache, sondern um die einer moralischen Norm. Wie man im folgenden Kapitel sehen wird, hat die ethische Reflexion des 20. Jahrhunderts weithin die Auffassung geteilt, dass *das, was ist,* niemals als Maßstab gelten dürfe für *das, was sein soll.*

Bis zu einem gewissen Grade denen Schelers ähnlich sind die ethischen Positionen von George Edward Moore (1873–1958), eines der einflussreichsten englischen Philosophen der ersten Hälfte des Jahrhunderts, der die Meinung vertritt (*Principia Ethica,* 1903), die Aufgabe der philosophischen Ethik sei es, die moralischen Urteile des *common sense* zu analysieren, indem sie sie auf nicht weiter zerlegbare einfache Urteile zurückführt. Durch diese Vorgehensweise kann man zeigen, dass das Prädikat „gut" etwas ist, was sich nicht auf andere Prädikate zurückführen lässt (z. B. nützlich, vernünftig usw.) und das sich dem Gewissen mit einer Evidenz aufzwingt, die derjenigen entspricht, die Scheler meint. Diese Position des „ethischen Intuitionismus" hat in der angelsächsischen Philosophie zahlreiche Anhänger gefunden.

6. Authentizität gegen Repression

Unter diesem Titel lassen sich viele Dinge zusammenfassen, vielleicht auch solche, denen viele von uns aus biographischen Gründen zugetan sind: 1968, die Studentenbewegung, der Jugendprotest. Hierher gehört zum Beispiel *Triebstruktur und Gesellschaft* (1955) von Herbert Marcuse – mit seiner These, dass die Moral tief greifend reformiert werden müsse, und zwar in einem ästhetischen Sinne: Die Unterdrückung der Triebe war notwendig in Zeiten harten Kampfes gegen die übermächtigen Kräfte der Natur, aber heute befreit uns die Technik von dieser Notwendigkeit und eröffnet die Möglichkeit, durch politisches Handeln eine Gesellschaft aufzubauen, in der man glücklicher und weniger unterdrückt sein kann.

Zu den anderen Autoren, die, wenn auch mit jeweils anderem philosophischen Hintergrund, als Theoretiker einer Befreiung von Unterdrückung Bedeutendes geleistet haben, gehört der schon erwähnte Michel Foucault, der sich in seinen letzten Werken nicht so sehr zum Fürsprecher einer weniger unterdrückten Gesellschaft gemacht hat als vielmehr zum Fürsprecher einer Welt, in der Moral darin besteht, unterschiedliche Lebensstile zu erfinden. Ihm würde ich auch, was ethische Aspekte angeht, Gilles Deleuze zur Seite stellen, der zusammen mit Félix Guattari ein berühmtes Buch verfasst hat, den *Antiödipus* (1972), dessen Titel die Auffassung anzeigen soll, dass die von Freud beschriebene Unterdrückung überwunden werden kann: nochmals in Richtung einer Pluralität von Lebensstilen und einer größeren Freundschaftlichkeit gegenüber der Natur – gemäß einer Art von Ethik, die damit in vielerlei Sinne in die Nachbarschaft der Ästhetik rückt.

XIV. Formen und Inhalte

Wir haben schon im vorigen Kapitel gesagt, dass das Thema vielschichtig ist. Dort ist auch schon vorläufig das Untersuchungsgebiet des gegenwärtigen Kapitels abgesteckt worden, das sich denjenigen Theorien zuwendet, die die Ethik eher in Begriffen des Diskurses und der Argumentation denken als in Begriffen einer persönlichen, ganz individuellen und „authentischen" Intuition hinsichtlich der richtigen Werte und Prinzipien. Das ist natürlich eine vage und ungenaue Unterscheidung, die allerdings den Nutzen hat, eine erste systematische Einordnung von Themen und Problemen zu ermöglichen. Bleiben wir also bei diesen vagen Begriffen, aber vergessen wir nicht, dass sie vage sind, und nehmen wir sie nur als anfängliche Orientierung.

Warum Formen und Inhalte?

Deswegen, weil die Ethik, wenn sie nicht als ganz persönliche Intuition hinsichtlich der richtigen Werte und Prinzipien aufgefasst wird, sondern als Argumentation und Diskussion, als gegenüber anderen in Anspruch genommene Geltung – weil die Ethik dann auch zu einem Problem eines Verfahrens wird. Mehr noch: Im Gefolge dessen, was ich die Krise der Ethik genannt habe, treten bei vielen Denkern, die sich mit Ethik beschäftigen, gerade Fragen des Verfahrens in den Vordergrund. Nietzsche, schon vorher Marx, dann Freud und auch der Positivismus mit seiner Verknüpfung von Ethik und Gesellschaft (und von dorther auch die Kulturanthropologie usw.) haben uns davor gewarnt, die ethischen Werte, an denen wir uns orientieren, für ewig zu halten. Der eine denkt das Gute in der einen Weise und der andere in einer anderen. Und dann? Die Philosophie, so meinen einige Philosophen, sollte nicht den Anspruch erheben, die wahren Werte zu ermitteln, nach denen sich alle richten müssen, sondern den Leuten helfen, sich sozusagen mitten zwischen ihnen kritisch zu orientieren. Dazu ist es notwendig, die Verfahrensweisen des ethischen Diskurses zu analysieren und zu klären. Natürlich kann man hoffen, dass man, indem man die Verfahrensweisen, die Grammatik, die Logik, die Syntax des ethischen Diskurses klärt, auch eine Enthüllung der ethischen Wahrheit vorbereiten kann. Dieser Idee können also auch diejenigen Philosophen zustimmen, die hoffen, auch die „Inhalte" der Ethik ermitteln zu können. Kurz: Es geht darum, die Weise, wie die Ethik denkt, zu analysieren und in Ordnung zu bringen. Im Weiteren ist das nach Ansicht einiger alles, was die Philosophie tun kann: Sie muss sich neutral verhalten gegenüber den spezifischen Werten, die durch diese Diskurse gerechtfertigt werden sollen; für andere kann eine derartige Klärung der Logik des Diskurses dabei helfen, weiter fortzuschreiten, eben bis zu den Inhalten.

1. Die Sprache der Ethik

Die Thematisierung von Verfahrensweisen verschiebt die Aufmerksamkeit vom Gegenstand des Diskurses auf den Diskurs selbst, vom Inhalt auf die Weise, wie darüber gesprochen wird. Der Begriff der Metaethik hat – wie der der Metaphysik – mit einem Sprung über das unmittelbar Gegebene hinaus zu tun, mit etwas jenseits der scheinbar natürlichen Inhalte, des Wahren und des Guten. Philosophie als Metaethik ist ein Nachdenken über das Wie des Sprechens über gut und böse, über Entscheidungen und deren Kriterien.

In diesem Zusammenhang spielt eine Unterscheidung eine Rolle, die (wie sofort deutlich werden wird) bedeutende theoretische Konsequenzen hat, nämlich die Unterscheidung zwischen präskriptiver (vorschreibender) und deskriptiver (beschreibender) Rede bzw. das so genannte „Humesche Gesetz".

Der schottische Philosoph David Hume (1711–1776) arbeitet in seinem *Traktat über die menschliche Natur* (1739/40) heraus, dass Traktate über Moral üblicherweise mit Aussagen über das beginnen, was „ist", z. B. die Existenz Gottes oder das Wesen des Menschen – und dann, ohne den Übergang zu erklären, von dem reden, was man tun oder nicht tun soll. Die Deskription betrifft das Sein; die Präskription betrifft das Sollen. Das Humesche Gesetz (ohne dass er selbst es jemals als solches ausgesprochen hätte) stellt die Notwendigkeit fest, diese beiden Typen des Redens zu unterscheiden, sowie die Unmöglichkeit, eine Präskription auf eine Deskription zu gründen: Man darf die Ebene der Tatsachen und die Ebene der Werte nicht vermischen. Zwar gibt es auch Präskriptionen, die zu der Ebene des Seins gehören. Aber sie sind technisch und nicht moralisch: Wenn du einen bestimmten Zweck willst, musst du bestimmte Mittel anwenden, und dazu brauchst du ein Wissen darüber, wie sich die Dinge verhalten. Aber hinsichtlich des letzten Zweckes oder Wertes eines Handelns gibt es keine Tatsache, die den Handelnden informieren könnte. Auch die „Natur des Menschen" stellt keinen präskriptiven Gehalt zur Verfügung. Wenn es sich dabei um ein Faktum handelt, bedarf es keiner Anstrengung, um ihr entsprechend zu handeln: Es geschieht von selbst. Wenn nicht, muss ich wissen, warum ich ihr entsprechend handeln sollte.

Natürlich akzeptieren nicht alle das Humesche Gesetz: nicht nur diejenigen, die weiterhin an eine Natur glauben, die auch Gesetz ist, sondern auch die, die der Ansicht sind, dass nicht einmal wissenschaftliche Erkenntnisse „reine" Beschreibungen von Tatsachen sind. Wir haben es schon gesehen: Auch die experimentellen Wissenschaften machen von begrifflichen Systemen, Voraussetzungen usw. Gebrauch, die nach Ansicht vieler nicht tatsächlich objektiv, sondern schon „ideologisch" konnotiert sind. Es liegt hier also ein Problem, das überhaupt nicht gelöst ist, und wir lassen es hier auch so.

Aus dem Humeschen Gesetz werden jedenfalls bei denen, die es annehmen, Ethiken abgeleitet, die als nichtkognitivistisch und emotivistisch bezeichnet werden. Schon im vorigen Kapitel haben wir auf Philosophen (von so unterschiedlicher geistiger Herkunft wie Scheler und Moore) hingewiesen, die die moralischen Prinzipien – Werte wie das Gute, das Gerechte usw. – für Intuitionen halten, die sich nicht auf diskursive Erkenntnisse zurückführen lassen. Aber auch wenn das Gute etwas ist, das auf direktem Wege intuitiv erfasst wird und das man in gewisser Weise *nicht erklären kann,* ist es für Moore doch immer noch ein Objekt der Erkenntnis, wenn auch einer nicht argumentativen, sondern intuitiven Erkenntnis. Von Emotivismus spricht man dagegen z. B. bei dem amerikanischen Philosophen Charles L. Stevenson (1908–1978), Autor eines Buches über *Ethics and Language* (1944), das ein Klassiker dieser Denkrichtung geblieben ist. Stevenson vertritt die Theorie, dass unsere ethischen Aussagen lediglich Ausdruck individueller gefühlsmäßiger Vorlieben sind, denen wir auch für die anderen Gültigkeit verleihen wollen. Die Argumentationen, mit denen wir sie zu „beweisen" glauben, sind nur rhetorische Tricks, um die anderen zu überreden oder uns selbst zu rechtfertigen, ohne ein echtes objektives Fundament. Eine Position wie die von Stevenson ist nicht so destruktiv, wie es scheinen könnte: Er besteht auf der nicht kognitiven, aber praktischen, pragmatischen Funktion der moralischen Aussagen, die natürlich diese Funktion nur erfüllen können, wenn sich andere Individuen oder soziale Gruppen finden, die sich davon überzeugen lassen. Die Zustimmung der anderen stellt in gewisser Weise eine Gültigkeitskontrolle dar.

Im eigentlicheren Sinne nichtkognitivistisch, aber trotzdem nicht emotivistisch ist ein anderer Klassiker der zeitgenössischen angelsächsischen Ethik, der Engländer Richard Mervyn Hare (geb. 1919), Autor von (u. a.) *Die Sprache der Moral* (1952). Hare stimmt mit den Emotivisten in der Anerkennung des Humeschen Gesetzes überein, aber er ist nicht der Ansicht, der moralische Diskurs sei lediglich ein rhetorischer Trick, um andere zu überreden, das zu tun, wofür wir eine gefühlsmäßige Vorliebe haben. Er schlägt den Begriff universalisierbarer Präskriptionen vor, d. h. von Aussagen, die nicht den Anspruch erheben, dass sie sich durch einen Bezug auf eine objektive Beschreibung von Tatsachen rechtfertigen lassen, die sich aber bestätigen lassen aufgrund ihrer Fähigkeit, für alle zu gelten, mit Einschluss dessen, der sie aussagt. Auf diese Weise lässt sich zum Beispiel eine rassistische Moral widerlegen: Wer sie aussagt, soll sich vorstellen, er gehöre auf die Seite des Negers, des Juden usw., und er wird sehen, dass in diesem Falle seine Prinzipien nicht gelten würden. In Hares Position ist der Bezug zu Kant offensichtlich – mit dem Unterschied, dass für Hare die Vorschrift nicht mehr als Faktum gilt (bei Kant das Faktum des kategorischen Imperativs, der dem Gewissen gebietet), sondern als das Ergebnis einer gegenseitigen Anerkennung der Individuen.

Immer noch auf der Ebene von Verfahrensweisen – die aber hier schon zu erkennen geben, dass sie auch Prinzipien für die kritische Unterscheidung zwischen „Inhalten" liefern werden – siedeln sich diejenigen ethischen Positionen an, die sich auf den Utilitarismus berufen.

2. Ethik, Vernunft, Kalkül

Der Utilitarismus ist natürlich keine bloße Theorie über Verfahrensweisen. Aber er kommt in die Nähe einer solchen Theorie, indem er die moralische Entscheidung nicht allein der Intuition des Guten überlässt, sondern sie durch ein rationales Kalkül im strengen Sinne zu artikulieren versucht: Das Gute und das Gerechte kann man auf rationale oder vielleicht auf geradezu wissenschaftliche Weise bestimmen, weil sie Gegenstand einer Berechnung, eines Kalküls sein können. Man beachte, dass wir hier auch schon über das Humesche Gesetz hinausgegangen sind: Der letzte Wert, das Glück oder die Freude, in Beziehung auf den die rationale Berechnung angestellt wird, ist Gegenstand einer Deskription, und alles spielt sich auf der Ebene des formalen Verfahrens ab, nämlich des Verfahrens der Berechnung zur Realisierung des Glücks.

Der Utilitarismus geht auf das Denken von Jeremy Bentham (1748–1832) und John Stuart Mill (1806–1873) zurück; letzterer ist Autor eines Buches eben mit dem Titel *Utilitarismus* (1863). Mill hatte unter dem Einfluss des Positivismus Comtes gestanden und war deshalb der grundsätzlichen Ansicht, das menschliche Verhalten müsse einer strengen wissenschaftlichen Betrachtung (mit experimentell ermittelbaren Gesetzen) zugänglich sein. Der Utilitarismus war für ihn die Art und Weise, wie die Moral in das positive Stadium überführt werden sollte.

Mill spricht aber auch von der Qualität der Freuden und von dem Vorrang der geistigen vor den bloß materiellen: Das soll gesagt sein, um den Utilitarismus von den negativen Vorurteilen zu befreien, die gewöhnlich auf ihm lasten. Für Bentham ist nützlich dasjenige, was Vorteil, Freude, Glück, Gutes hervorbringt und deren Gegenteil vermeidet. Die moralische Aufgabe besteht darin, das so verstandene Nützliche zu befördern und es zu maximieren – zum Beispiel indem man Verhaltensweisen wählt, die einen dauerhafteren Vorteil nach sich ziehen –, und zwar auch auf der Ebene der Gesellschaft: Den Nutzen der größten Zahl von Menschen zu schaffen, ist die moralische Aufgabe der Regierung. Aber gerade wegen dieses gesellschaftlichen Aspekts des Utilitarismus sieht sich dieser, besonders seit dem 20. Jahrhundert, mit dem Problem konfrontiert, was die Einzelnen oder Gruppen jeweils als gut, Glück, Vorteil ansehen, und mit der Tatsache, dass sie das nicht vormundschaftlich vom Staat bestimmen lassen wollen. Dieses Problem hatte schon Mill formuliert, und heute widmet sich ihm der so genannte „Präferenzutilitarismus": Dabei geht es darum, die Vorlieben (Präferenzen) aller beteiligten Subjekte als gleichermaßen gültig zu setzen und die Handlungen danach abzuwägen, welche die größte Zahl von Menschen zufriedenstellen. Dadurch ruft der ethische Diskurs (wie das auch sonst öfter geschieht) die Gesellschafts- und Politiktheorie auf den Plan. Aber der Utilitarismus hat auch Anteil an den Tendenzen, die auf eine Rückkehr zu Kant hinauslaufen – man muss unterstreichen, dass der Utilitarismus keine Theorie des individuellen Egoismus ist. Man wird sich erinnern, dass sich die Ethik für Kant auf den kategorischen Imperativ gründet, den alle Vernunftwesen in sich vernehmen, und dass dieser vorschreibt, immer so zu handeln, dass man wollen kann, dass jeder in derselben Situation genauso handelt („Handle so, dass die Maxime deines Willens jederzeit zugleich als Prinzip einer allgemeinen Gesetzgebung gelten könne"). Es liegt auf der Hand, dass das ein Prinzip ist, das für Hare und seine *Universalisierbarkeit* gilt. Aber es gilt auch im Utilitarismus, insofern er sich bewusst ist, alle Vorlieben als legitim und damit alle Subjekte als mit gleichen Rechten ausgestattet anzusehen (was eine andere der klassischen Formulierungen des Kantischen kategorischen Imperativs war: Handle so, dass du die Menschheit in dir und in den anderen nie als bloßes Mittel, sondern immer auch als Zweck ansiehst). Die Bedeutung des Utilitarismus in der zeitgenössischen Ethik liegt vielleicht – da die Verfahren des Kalküls, die der Utilitarismus in die Moral einführen möchte, sehr kompliziert sind und letzten Endes kaum von allen anwendbar – weniger darin, eine klare Methode für ethische Entscheidungen zu liefern, als darin, uns zu veranlassen, den ethischen Diskurs auf die Anerkennung der gleichen Rechte aller zu gründen.

3. Die Tugend und die Gemeinschaft

Nach dem Bisherigen scheint, alles in allem und abgesehen von den verschiedenen theoretischen Ausdifferenzierungen, die Ethik des 20. Jahrhunderts insgesamt ziemlich homogen zu sein, zusammengehalten durch eine Art von liberalem Geist: Von der Ethik der Authentizität (mit ihren antirepressiven Aspekten) bis zu den am Verfahren orientierten und den utilitaristischen Positionen, auf die wir einen Blick geworfen haben, scheinen alle darüber einig zu sein, dass es in der Moral darauf ankommt, jeglichen anderen als Inhaber der gleichen Rechte anzusehen, die ich selbst auch habe. Dieser Position lassen sich auch Autoren zuordnen, über die wir schon gesprochen haben, wie auf der einen Seite Emmanuel Lévinas und auf der anderen Jürgen Habermas und Karl-Otto Apel. Lévinas ist, wie man sich erinnern wird, der Theoretiker des Antlitzes des Anderen: Vor jeder Art von Begegnung mit der Welt ist das Entscheidende die Begegnung mit dem Anderen, der meine Hilfe und meine Solidarität verlangt und den ich achten muss, weil sein Antlitz dem Unendlichen zugewandt ist. Währenddessen fassen Habermas und Apel die Rationalität selbst als die Fähigkeit auf, eine Argumentation anderen gegenüber zur Geltung zu bringen, die daher als Subjekte mit gleichen Rechten anerkannt werden müssen; und darauf gründen sie im Weiteren eine zu Recht so genannte Kommunikationsethik.

Dennoch erscheint der andere, den ich als mir Gleichen anerkennen soll, manchmal allzu universal und abstrakt: Wenn ich alle lieben und achten soll, so könnte man sagen, laufe ich Gefahr, das letztendlich bei keinem zu tun. Der Einwand rationalistischer Abstraktheit gegen diese „liberalen" und kommunikativen Ethikmodelle wird heute von einer breiten Bewegung innerhalb des philosophischen Denkens erhoben. Diese Kritiker beziehen sich auf den Begriff der Gemeinschaft und berufen sich nicht auf Kant, sondern auf Aristoteles.

Warum Aristoteles? Aristoteles hat in seiner Ethik ein Konzept von Tugend zur Grundlage seiner Theorie gemacht, das tiefe Wurzeln in der Gemeinschaft hat: Wenn wir wissen wollen, was die Tugend ist, so sagt er an einer Stelle, müssen wir diejenigen fragen, die von ihren Mitbürgern als tugendhaft angesehen werden. Wir können dagegen nicht behaupten, die Tugend auf der Grundlage einer bloß rationalen Überlegung bestimmen zu können, wie Kant meinen würde.

So macht auch der heutige Kommunitarismus die Idee von Verwurzelung, von Zugehörigkeit geltend: Niemand fängt mit seinen eigenen Entscheidungen bei Null an. Auch für den Entschluss, auf moralischem Gebiet eine rationale Wahl zu treffen und nicht bloß aus dem Impuls des Augenblicks heraus zu handeln, muss man schon über ein Ensemble von leitenden Ideen verfügen, die aus der Zugehörigkeit zu einer bestimmten, geschichtlichen, konkreten Gemeinschaft hervorgehen. Diese Themen und Thesen, die sich ausdrücklich an Aristoteles anlehnen, machen den Kern dessen aus, was man in der deutschen Philosophie die „Renaissance der praktischen Philosophie" genannt hat, die sich vor allem von Hans-Georg Gadamers *Wahrheit und Methode* hat anregen lassen. Gadamer selbst hat im Anschluss an sein klassisches Buch von 1960 dessen ethische und auch politische Implikationen weiter entfaltet, zum Beispiel in den Aufsätzen eines sehr schönen kleinen Buches über *Die Vernunft im Zeitalter der Wissenschaft* (1976).

Positionen, die den vorigen ähneln, allerdings radikaler von der Idee der Gemeinschaft geprägt sind, bringt der schottische Philosoph Alasdair MacIntyre (geb. 1929) z. B. in seinem berühmten Buch *Der Verlust der Tugend* (1981) zum Ausdruck. Dort vertritt er die These, dass die Übel der Moderne eben dadurch bedingt sind, dass man das moralische Subjekt in eine universalistische Perspektive gerückt hat, die es in Wirklichkeit isoliert. Das geschieht in den atomisierten zeitgenössischen Gesellschaften, die keine wirkliche gemeinsame moralische Substanz mehr haben. Die Soziologen haben dafür den Ausdruck der „einsamen Masse" geprägt, und diese Gesellschaften werden mit dem Begriff der „Anomie" charakterisiert, d. h. ihre Situation ist generell dadurch gekennzeichnet, dass sie unfähig sind, die sich stellenden Probleme zu lösen, und dass sie auseinanderfallen. (Auf dem Hintergrund dieser Thesen verweise ich auf die Unterscheidung, die Ferdinand Tönnies in *Gemeinschaft und Gesellschaft* (1887) entwickelt hat, nämlich die zwischen der traditionellen organischen Gemeinschaft, die durch Bande der Verwandtschaft oder des Zusammenlebens zusammengehalten wird, und der modernen Gesellschaft, deren Mitglieder nur in formalen Beziehungen zueinander stehen.) In den modernen „liberalen" Gesellschaften fühlen sich die Einzelnen nicht motiviert, moralisch zu handeln, weil ihnen der Bezug zu einer konkreten Gemeinschaft fehlt. Diese ersetzen viele durch Formen der Zugehörigkeit, die oft unvernünftig sind: den Fanclub, der nicht selten gewälttätig ist, die Sekte oder, auf höherer Ebene, die ethnische Zugehörigkeit, die auf fanatische Weise absolut gesetzt wird.

Die Thesen der Kommunitaristen (von denen sich MacIntyre im Übrigen mehrfach distanziert hat) gehen im Allgemeinen nicht so weit, dass sie verschiedene Formen von Fundamentalismus und Fanatismus, die die moderne Gesellschaft quälen, rechtfertigen wollen. Vielmehr zeigen sie ein Problem an, das in den liberalen Gesellschaften objektiv vorhanden ist, dass nämlich die Anerkennung der Rechte aller oft in Gleichgültigkeit gegenüber ihrem Schicksal übergeht.

Wir schließen diesen allzu raschen Durchgang durch die zeitgenössischen philosophischen Ethiken, indem wir kurz hinweisen (viel mehr können wir nicht tun) auf einige radikal neue Problemfelder, mit denen sich die moralische Reflexion heute immer öfter konfrontiert sieht.

4. Neue Herausforderungen der Ethik

Dabei geht es um Horizonte, die mit dem Nachdenken über die Konsequenzen der Krise der Ethik im Allgemeinen (die Werte, die wir für universal gehalten haben, sind lediglich einer bestimmten Kultur eigen) oder mit den neuen technischen Möglichkeiten zu tun haben, mit denen uns die Wissenschaften nach und nach ausgestattet haben – die Gentechnik, die Fortschritte in der Medizin, ökologische Probleme …

Die Frage der Tierrechte kann man als eine weitere Konsequenz der Krise der Ethik ansehen. Möglicherweise haben wir nicht nur den Verdacht, dass unsere moralischen Vorstellungen nur diejenigen einer bestimmten, geschichtlich bedingten Kultur sind. Es kann auch sein, dass sie lediglich Vorstellungen einer bestimmten Art von Lebewesen sind, die den Planeten seit jeher beherrscht hat und die es für offensichtlich gehalten hat, dass Hunde, Affen usw. nicht Inhaber von Rechten seien. Einer der interessantesten Autoren, die man bei diesen Problemen beachten muss, ist der Australier Peter Singer, Autor eines Buches, das geradezu eine Bibel der Tierrechtler auf der ganzen Welt geworden ist: *Befreiung der Tiere* (1975). Zusammen mit einem anderen Philosophen, Tom Regan, schrieb er 1976 ein weiteres Buch über Tierrechte: *Animal Rights and Human Obligations* (1976). In diesen Veröffentlichungen qualifiziert Singer die Verletzung der Rechte der Tiere als eine Form von Rassismus, die er *Speziesismus* nennt, Rassismus der menschlichen Spezies. Tiere können Lust oder Schmerz empfinden, also sind sie Inhaber von Rechten, die der Mensch respektieren muss. Vor allem hat er die Pflicht des Nicht-verletzens, eben die Pflicht, ihnen keinen Schmerz zuzufügen.

Das andere Problemfeld, auf das ich hier im Zusammenhang neuer Horizonte der Ethik zu sprechen komme, ist der außerordentlich umfangreiche Bereich der Bioethik: ein heikles und geradezu vermintes Terrain, bei dem es um Fragen geht wie die Auswirkungen der Technik auf die Umwelt, das Recht auf Leben, Abtreibung, Euthanasie oder die Genmanipulation, die geradezu die Merkmale der menschlichen Spezies selbst verändern könnte, wie wir sie aus langen Jahrtausenden der Evolution ererbt haben. Die beiden Einstellungen, die sich auf diesem Felde gegenüberstehen – diejenige, die die traditionelle „Physiognomie" des Menschen bewahren will, auch um den Preis drastischer Beschränkungen der Forschung und des Experimentierens, und diejenige, die in Richtung einer Überschreitung der Grenzen vorandrängt, hin auf ein immer neues Erscheinungsbild des Menschseins selbst –, haben beide gute Gründe auf ihrer Seite. Die Zahl der Bücher über diese Themen ist inzwischen gewaltig, und die sich gegenüberstehenden Positionen sind sehr klar und markant.

XV. Philosophie – Religion

Dieses Thema haben wir für den Schluss aufgespart, nicht nur, weil es meistens mit den letzten Dingen zu tun hat und deswegen am Ende kommt. Sondern auch weil es, wir wollen es zugeben, ein schwieriges Thema ist, das gewöhnlich in intensiver Weise die Person betrifft, so dass man oft schließlich gar nicht mehr darüber spricht – nach dem Motto Wittgensteins am Ende des *Tractatus:* Wovon man nicht reden kann, darüber muss man schweigen. Wittgenstein, *en passant* gesagt, war durchaus nicht irreligiös, im Gegenteil. Aber als er diese Worte schrieb, war er davon überzeugt, dass das einzige sinnvolle Reden dasjenige sei, das die Möglichkeit empirischer Bestätigung oder Widerlegung in sich schließt. Und das Reden über Gott, die Seele, die Freiheit, die Sünde usw. sind sicherlich nicht von dieser Art.

Aber nicht alle denken diese Dinge so. Und vor allem spricht die Philosophie des 20. Jahrhunderts, wenn sie über Religion spricht, meist nicht direkt über Gott, über die Seele, über die Auferstehung, sondern über die religiöse Erfahrung als solche: etwa so, wie die Ästhetik (wie wir gesehen haben) nicht direkt über Kunstwerke spricht und nicht einmal Kriterien liefert, um über schön und hässlich zu urteilen, sondern lediglich zu sagen versucht, worin sich die Art von Erfahrung, die wir als die ästhetische bezeichnen, von derjenigen unterscheidet, die wir die ethische oder die wissenschaftliche nennen.

Ich habe die Überschrift Philosophie – Religion gewählt, um zu unterstreichen, dass unser Thema einerseits verstanden werden kann im Sinne einer philosophischen Theorie darüber, was die Religion, die Religionen, die Offenbarung sind – und andererseits im Sinne eines engeren Verhältnisses der Philosophie zur Religion selbst. Wenn zum Beispiel die christlichen Denker des Mittelalters sagen, dass die Philosophie die *Magd der Theologie* sei oder dass es Sache der Philosophie sei, die *Vorfragen des Glaubens* darzustellen und zu erläutern, dann machen sie keine Religionsphilosophie, sondern etwas anderes. Auf der anderen Seite: zu sagen, die einzige Weise, sich philosophisch mit Religion zu befassen, bestehe darin, die religiöse Erfahrung in philosophischen Begriffen zu analysieren, kann auch heißen, dass man bereits einen Standpunkt eingenommen hat, der jede engere Beziehung zwischen beiden Gebieten ausschließt, so als ob die Inhalte, von denen die eine oder die andere Seite spricht, miteinander nichts gemeinsam hätten. Aber wir werden diesen Punkt besser verstehen, wenn wir uns mit einigen Denkern näher befassen, die das Verhältnis zwischen Philosophie und Religion im gerade zu Ende gegangenen Jahrhundert zu ihrem Thema gemacht haben.

Im Vergleich zu den Philosophien, die im 19. Jahrhundert dominierend waren, scheint das philosophische Nachdenken über Religion im 20. Jahrhundert unter umgekehrten Vorzeichen zu stehen: Damals schienen die großen vorherrschenden Systeme (der Hegelsche Idealismus, der Positivismus, später der Marxismus) die Möglichkeit der Religion aufgelöst zu haben. In verschiedenen Ausformungen hielten sie sie für ein Phänomen, das durch die Entwicklung der Vernunft jedenfalls überwunden war. Für Hegel wird die Wahrheit nunmehr allein von der Philosophie wahrhaftig erkannt. Für den positivistischen Szientismus ist nur das wahr, was wissenschaftlich überprüfbar ist. Für den Marxismus ist die Religion eine Form falschen Bewusstseins, ein Überbauphänomen, das, indem es eine tröstliche Versöhnung mit der Realität anbietet, die Interessen der herrschenden Klassen maskiert und deren Privilegien absichert; sie muss daher auf dem Wege der Praxis aufgelöst werden, indem die gesellschaftlichen Beziehungen im revolutionären Sinne umgestaltet werden. – Das 20. Jahrhundert beginnt dagegen mit Religionsphilosophien, die sich bemühen, die Religion als etwas aufzufassen, das nicht auf etwas anderes reduzierbar ist (zum Beispiel: auf eine Lüge der herrschenden Klassen, um das Volk unterwürfig zu halten; oder auf ein mythisches Weltbild, das nur so lange in Geltung ist, wie eine korrekte wissenschaftliche Sicht fehlt). Und es schließt mit dem, was man die Krise der Ideologien genannt hat, also eben jener großen systematischen Philosophien, die die Auflösung der Religion behauptet hatten: Wenn man sich heute aus vielerlei Gründen nicht mehr zum Positivismus, zum Historismus, zum Marxismus bekennt, dann hat man also kein Vertrauen mehr zu Systemen, die die gesamte Realität in wenige rationale Prinzipien auflösen, dann gibt es vielleicht keine starken Gründe mehr für den Atheismus. Außerdem wird heute das Interesse an Religion auch durch die Komplexität der Probleme wiedererweckt, denen man sich gegenübersieht: Das Gesamtsystem der Technik scheint Wirkungen hervorzubringen, die den erhofften entgegengesetzt sind, neue Technologien greifen nach den Wurzeln des Lebens … Das alles sind Motive – wenn nicht Gründe –, die nach Ansicht vieler zu einer Rückkehr zur Religion führen.

Aber damit sind wir schon bei Wertungen, beim eigenen Involviertsein. Vielleicht ist die Religion etwas, wovon man nur in der ersten Person sprechen kann – mit all den Problemen, die das mit sich bringt.

1. Das Heilige bei Rudolf Otto und der Anruf Gottes bei Karl Barth

Um die Philosophie der Religion zu verstehen, muss man über ein gewisses Maß an begrifflichen und inhaltlichen Kenntnissen über die verschiedenen Religionen verfügen, auf die sich die Philosophen beziehen. Aber das Erfordernis, den spezifischen Gehalt der religiösen Erfahrung zu wahren, geht mit der anderen Notwendigkeit einher, in der ersten Person zu sprechen – diese Art des Sprechens teilt die Religion vielleicht mit der Philosophie. Wie Luigi Pareyson in *Verità e interpretazione* (1971) schreibt, „muss man eine Position beziehen oder bezogen haben, um eine andere Position zu begreifen, und jede Interpretation kann nur von einer anderen Interpretation begriffen werden; und ebenso kann nur, wer eine eigene Philosophie hat, Zugang finden zu der Philosophie eines anderen, und ganz allgemein kann nur, wer Philosoph ist, die Philosophien begreifen (…) und in der gleichen Weise kann nur, wer eine Religion hat, eine andere Religion verstehen, und nur, wer religiös ist, kann eine andere religiöse Erfahrung begreifen." Um das Pathos des Zeugnisses abzumildern, das mit einer solchen Position eventuell zusammenhängt, könnte man vielleicht sagen, dass das Reden in der ersten Person in den übersubjektiven Inhalten der religiösen Traditionen ein Korrektiv finden muss.

Das Denken von Rudolf Otto (1869–1937) steht am Anfang derjenigen Sichtweise, nach der die religiöse Erfahrung nicht auf andere Interessen oder Antriebe zurückführbar ist, sondern einen eigenen spezifischen Charakter besitzt. Mit dieser Frage setzt sich Otto auseinander in einer berühmten Untersuchung von 1917, *Das Heilige*, und zwar mit einem Ansatz, der – wenn er sich auch nicht direkt auf die von Edmund Husserl gegründete phänomenologische Schule beruft – der phänomenologischen Methode verwandt ist. Husserls Motto *zu den Sachen selbst* wies auf die Notwendigkeit hin, den Inhalten des Denkens eine eigene Objektivität zuzuerkennen, ohne sie andererseits in einem Reich reiner logischer Wesenheiten anzusiedeln. Diesen Weg hatte Husserl gewählt, um den zu Beginn des 20. Jahrhunderts aktuellen Streit zwischen Logizismus (für den die Bedeutung von etwas unabhängig ist von der Weise, wie es im Bewusstsein auftritt) und Psychologismus (der die entgegengesetzte These vertritt) zu überwinden. Die phänomenologische Einstellung achtet daher besonders darauf, ein Phänomen nicht übereilt auf ein anderes zu reduzieren, sondern bemüht sich vielmehr, es in seinem spezifischen Wesen zu erfassen. Im Falle der Religion geht es darum – und darin besteht die Verwandtschaft Ottos mit der Phänomenologie –, zu verstehen, was sie spezifisch auszeichnet und was sich nicht auf etwas anderes zurückführen lässt (Interessen, theoretische Wahrheiten, die vorläufig in mythischer Weise erlebt werden usw.). Dieses Projekt des Begreifens führt Otto durch, indem er eine Beschreibung des Wesens des Heiligen gibt. In der religiösen Erfahrung haben wir mit dem Heiligen zu tun, und dieses ist etwas Eigentümliches: *numinosum, tremendum, fascinans.* In jeder menschlichen Kultur gibt es (und alle Religionen legen davon Zeugnis ab) das Empfinden von etwas, das uns völlig übersteigt, das, wie Otto sagt, etwas „ganz Anderes" ist und das in seiner Unbegreiflichkeit für die Vernunft auch furchtbar und faszinierend ist, das Schrecken erregt und uns anzieht. Otto knüpft darin an Friedrich Schleiermacher (1768–1834) an, der das Wesen der Religion bestimmt hatte als das Gefühl der Abhängigkeit des Einzelnen vom unendlichen Ganzen.

Der entscheidende Punkt ist dabei, dass Otto hier dieses Gefühl für das Heilige als eine unausweichliche Dimension des Bewusstseins ansieht. Dadurch gewinnt die religiöse Erfahrung Legitimität, insofern sie nicht etwas ist, was aus dem Leben des Menschen auch verschwinden könnte. Eine Betrachtung der historischen Inhalte der einzelnen religiösen Traditionen findet übrigens in *Das Heilige* nicht statt.

Eben diese Suspendierung eines Urteils hat den Vorwurf gegen Otto hervorgerufen, gar nicht wirklich das „objektive" Wesen des Heiligen zu erfassen, so, als ob Gott am Ende doch nur eine Funktionsweise unseres Geistes wäre, ein Postulat unseres Bewusstseins, ein weiteres Mal angesiedelt auf einer allzu menschlichen Ebene. Die protestantische Theologie des frühen 20. Jahrhunderts steht, vor allem unter dem Einfluss von Karl Barth (1886–1968), in polemischem Gegensatz gegen jede Form der Reduktion des Göttlichen auf diese Ebene und polemisiert gegen die so genannte liberale Theologie, die sich eben auf Schleiermacher berief. Anstatt das Reden von Gott auf das subjektive Gefühl der Abhängigkeit vom *numinosum* zu gründen, unterstreicht Barth, dass es im Glauben um einen Anruf geht, der das Subjekt von außen trifft und es enteignet, richtet und zur Verantwortung ruft. Es handelt sich nicht um einen Anstoß von unten, der seinen Ursprung in einem Gefühl der Abhängigkeit hat, sondern von oben, aus der Gnade – es handelt sich nicht um *Religion*, sondern um *Glauben*.

Bei Barth wird also sowohl das Erfordernis befriedigt, dass die religiöse Erfahrung (besser wäre es freilich zu sagen: der Glaube) ein Engagement in der ersten Person sein muss, als auch das Erfordernis, dass die spezifischen Inhalte der religiösen Tradition zu Wort kommen können, also das Wort der Offenbarung. Das bringt Barth zum Ausdruck durch den Begriff Gottes als des „ganz Anderen", nicht mehr im Sinne von Ottos *numinosum*, sondern als das, was niemals das *Objekt* unserer Rede ist, sondern immer das *Subjekt* der Initiative gegenüber den Menschen bleibt. Bei Barth liegt der Ursprung einer Tendenz, die die Philosophie des 20. Jahrhunderts durchzieht, nämlich zu vermeiden, direkt von Gott zu sprechen. Und nicht nur das: Eben das Ende der großen philosophischen Systeme, die meinten, auf dem Grunde der Wirklichkeit einige wenige rationale Prinzipien objektiv erkennen zu können, kündigt sich an im Begriff eines nicht objektivierbaren Gottes (vgl. *Der Römerbrief*, 1919).

Auf der Basis der Anerkennung der Nichtobjektivierbarkeit Gottes ist gegen die Barthsche Theologie ein Einwand erhoben worden, der die Dimension der zeitlichen Kontinuität betrifft, innerhalb derer der Anruf Gottes vernommen wird. In der Theologie Dietrich Bonhoeffers (1906–1945) wird die Frage gestellt nach der zeitlichen Kontinuität als einer Dimension der Selbstkundgabe Gottes, die nicht nur im Augenblick geschieht, sondern sich in einem Geschehen entfaltet, das die Zeit deutet und eine Geschichte von Deutungen anstößt. Die Deutung (Interpretation, Hermeneutik) muss eine Brücke schlagen zwischen dem alten Menschen, der gleichsam eingelassen ist in die natürlichen Ordnungen der Existenz vor dem Ergehen des Rufes, und dem neuen Menschen, der zum Glauben gerufen ist.

Auch weit darüber hinaus hat diese Dimension der zeitlichen Kontinuität in ihrem Verhältnis zur Offenbarung die Aufmerksamkeit des Nachdenkens über die religiöse Erfahrung auf sich gezogen. Ein Beispiel dafür ist das Werk von René Girard.

2. Die Gewalt und das Heilige: René Girard

Eine Ausrichtung, die man als typisch für die Religionsphilosophie des 20. Jahrhunderts ansehen kann, ist diejenige, die im Werk von René Girard (geb. 1923) zum Ausdruck kommt. Dieses legt eine Theorie des Heiligen vor, die sich auf die soziale Bedeutung dieses Phänomens gründet. Insofern fließt in *Das*

Heilige und die Gewalt (1972) die Denktradition mit ein, die im späten 19. Jahrhundert mit Émile Durkheim (1858–1917) begonnen hatte. Durkheim hatte 1912 ein Buch über *Die elementaren Formen des religiösen Lebens* veröffentlicht, in dem die Religion als ein Ensemble von Symbolen und Riten gesehen wird, deren wesentlicher Inhalt die grundlegenden Werte sind, auf denen eine bestimmte Gesellschaft beruht. Die Autorität, die die Religion – wir können aber auch sagen: das Heilige im Sinne Ottos – über den Einzelnen ausübt, indem sie ihm eine Disziplin, eine Vorstellung von Sünde, ein schlechtes Gewissen usw. auferlegt, ist nichts anderes als „das Gefühl, das das Kollektiv seinen Mitgliedern einflößt, aber aus dem jeweiligen Bewusstsein, das es empfindet, herausprojiziert und vergegenständlicht". Diese Weise, das Heilige als einen Faktor sozialen Zusammenhalts zu betrachten, ist im Denken der Gegenwart noch sehr lebendig.

Wie dem auch sei – Girard analysiert das Heilige in Begriffen, die man sowohl von Otto wie von Durkheim her verstehen kann. In seinem grundlegenden Werk *Das Heilige und die Gewalt* sieht er am Ursprung der organisierten menschlichen Gesellschaft einen Opfermord, der die Gewalt, die jeden Einzelnen zum Feind aller anderen macht, einem Sündenbock auflädt und dadurch die Konflikte zwischen den Individuen besänftigt und ein soziales Band stiftet. Der Konflikt und damit auch die Gewalt entzünden sich durch den Mechanismus des „mimetischen Begehrens", aufgrund dessen in der menschlichen Gesellschaft alle das begehren, was die anderen haben oder begehren. Dem Opfer – das, von ihm her gesehen, auf zufällige Weise ausgewählt wird – werden göttliche Attribute und der Charakter der Heiligkeit zugesprochen, weil seine Tötung in der Tat, jedenfalls bis zu einem gewissen Grade, als Mittel fungiert, den Konflikt zu besänftigen und die Gewalt zu beschwichtigen.

In einem späteren Werk, *Das Ende der Gewalt: Analyse des Menschheitsverhängnisses* (1978), verknüpft Girard diese Erörterungen über die Gewalt und das Heilige ausdrücklich mit der biblischen Religion. Die jüdisch-christliche Tradition entzieht sich nach Girard dem Opfermechanismus, indem sie sich als eine Enthüllung des gewalttätigen Charakters des „natürlichen" Heiligen darstellt: Zuerst durch die Propheten des Alten Testaments, dann durch die Menschwerdung Christi wird die gewalttätige Natur des Heiligen aufgedeckt und dadurch gleichzeitig überführt. Christus, sagt Girard, ist überhaupt kein Opferlamm (gegen die Lesart des Neuen Testaments, die den Tod Jesu als Opfer versteht), sondern er wird umgebracht, weil seine Offenbarung über die Natur des Heiligen ein zu radikaler Affront gegen die traditionellen Glaubensüberzeugungen ist. Und eben dadurch, dass er etwas für den natürlichen Menschen derart Undenkbares sagt, zeigt er sich als der Sohn Gottes.

Die Implikationen von Girards Überlegungen sind sehr zahlreich, auch wenn sie nicht alle von ihm selbst entwickelt werden. Zum Beispiel kann man auf dem von ihm eingeschlagenen Weg weitergehen, indem man die Meinung vertritt, dass (wie er übrigens selber sagt) die Geschichte des Christentums die Geschichte einer immer neuen Anstrengung sei, es selbst von den Resten eines gewalttätigen „natürlichen Heiligen" zu reinigen – die dieselben sind, die sich darin zeigen, dass die kirchliche Tradition nach wie vor bei der Deutung des Evangeliums den Opfergedanken hervorhebt. Es ist in der Tat bedeutungsvoll, dass die Überlegungen Girards über die Gewalt und das Heilige nicht auf dem Boden der religiösen Erfahrung im Allgemeinen erwachsen, sondern auf dem der spezifischen religiösen Tradition des Abendlandes, nämlich der biblischen. In dieser Sicht ist der spezifische Gehalt der Offenbarung ganz und gar eins mit ihrer Geschichte – im Sinne des Motivs, das

Bonhoeffer gegen Barth geltend gemacht hatte: des Motivs einer Offenbarung, die sich erstreckt in eine Geschichte von Anwendungen und Deutungen hinein.

3. Philosophie und jüdisch-christliche Tradition:
E. Lévinas, P. Ricoeur, L. Pareyson

Wenn man auf die Daten der Werke achtet, die wir zitiert haben, sieht man, dass die Bücher von Durkheim und Otto zu Anfang des Jahrhunderts geschrieben wurden, während Girards Werke aus den 70er Jahren stammen. Die jeweilige Einordnung zeigt etwas an, was allgemein gilt: Die Analysen der Erfahrung des Heiligen als Dimension des Bewusstseins oder als allgemeines soziales Phänomen haben in den letzten Jahrzehnten einer Religionsphilosophie Platz gemacht, die sich – und damit ist sie, glaube ich, realistischer – als konkret in ein bestimmtes geschichtliches Geschehen einbezogen denkt. Ist es wirklich möglich, die religiöse Erfahrung zu analysieren, ohne von einer bestimmten Gestalt von Religiosität auszugehen? Auch in der Ästhetik geschieht etwas Ähnliches: Wenn wir von Kunst sprechen, sprechen wir von einem Phänomen, das für die abendländischen Gesellschaften von den Griechen an charakteristisch ist, und sicher nicht von einer „natürlichen" Tatsache, die sich identisch in allen Gesellschaften und Kulturen wiederfindet. Zusammenfassen können wir die beiden wesentlichen Charakteristika der religiösen Rede unter dem Titel der „Herkunft": das Sprechen in der ersten Person als persönliche Herkunft und den Bezug auf die Inhalte als geschichtliche Herkunft. Im Horizont der Herkunft bekommt das Verhältnis zwischen Philosophie und Religion ein neues Gesicht. Von den Griechen an ist in der Geschichte der abendländischen Kultur das Verhältnis der Philosophie zur Religion immer sehr eng gewesen: die Themen, die Sprache, die Bezüge sind dieselben. Man kann sagen, dass diese Beziehung gerade deswegen so reich an Konflikten gewesen ist, weil sie so eng war. Ein großer Teil der neuzeitlichen Philosophie hat sich – anders als in anderen Kulturen – der Entfaltung und Transposition von Mythen und religiösen Gehalten auf eine rationale Ebene gewidmet. Die wichtigsten Autoren, die, in verschiedener Weise und verschiedenem Maße, die Verwandtschaft zwischen unserer Philosophie und der religiösen Tradition des Abendlandes anerkennen, sind drei: über sie haben wir schon an anderer Stelle gesprochen, und daher verweilen wir nicht lange bei ihnen – auch deswegen, weil ihre Gedanken über Philosophie und Religion vielschichtig sind und manchmal, wie im Falle von Lévinas, (annähernd) die Gesamtheit des Werkes ausmachen.

Emmanuel Lévinas (1906–1995) ist der Ansicht, Philosophie könne man nur betreiben, indem man der griechischen Mentalität, die glaubt, das Sein als abstrakten Allgemeinbegriff ansehen zu können, ein Denken entgegensetzt, das sich gründet auf die Anerkennung des Anderen als jemand, für den ich verantwortlich bin, der mich anruft kraft der Tatsache, dass sein Antlitz der Unendlichkeit Gottes (des Anderen im prägnanten Sinne) zugewandt ist; und davon spricht uns die Bibel, nicht die unvermeidlich generalisierende und objektivierende Philosophie, die wir von den Griechen geerbt haben. Im Denken von Lévinas ist die Philosophie selbst der Kampf des Denkens, das sich auf die biblische Tradition beruft, gegen die philosophische Tradition, die an das griechische Erbe gebunden bleibt.

Im Kern analogen Leitlinien folgen – freilich mit zahlreichen Unterschieden, angefangen bei der Tatsache, dass Lévinas gläubiger Jude ist und die anderen Christen sind – die Überlegungen von Paul Ricoeur (geb. 1913) und Luigi Pareyson

(1918–1991). Für beide ist, mehr noch als das Thema des Antlitzes des Anderen und der Verantwortung, die dieses uns auferlegt, das Nachdenken über das Böse bestimmend. Bei Ricoeur (vgl. insbesondere die *Symbolik des Bösen* von 1960) ist es gerade die Unerklärlichkeit des Bösen – auf sie weist die Rede von der Urschuld hin, der wir nicht entkommen können –, die das Denken dazu bringt und dazu berechtigt, den Raum des rein rationalen Redens zu verlassen und sich der Deutung derjenigen mythischen und religiösen Symbole zuzuwenden, die die Geschichte einer jeden Kultur prägen und die durch rationale Interpretation niemals vollständig ausgeschöpft werden können.

Pareyson hat seinerseits – in Schriften, die er vor allem in der letzten Phase seiner philosophischen Laufbahn verfasst hat (vgl. besonders *Ontologia della libertà. Il male e la sofferenza*, 1995) – die Philosophie als Hermeneutik der religiösen Erfahrung aufgefasst. Die Erfahrung und das Erleben des Bösen (sowohl als Neigung im ethischen Sinne wie als unerklärliches Übel, das die Geschöpfe trifft) stellt die Vernunft vor Probleme, die sie nicht lösen kann. Die Philosophie, die von sich aus versucht, das Wirkliche durch rationale Gesetze zu erklären, erfährt eine Art Scheitern angesichts des Bösen in allen seinen Formen und muss auf die Bilder des Mythos und auf die Erzählungen der Bibel zurückgreifen – die sie freilich nicht einfach wörtlich nimmt, sondern von denen sie eben eine diskursive, also nicht bloß poetische und an die Einbildungskraft gebundene Deutung zu geben sich bemüht. Pareyson will zeigen, dass ohne die Berücksichtigung des Bösen das Denken die Tendenz hat, die Wirklichkeit auf ein notwendiges System zu reduzieren, und nicht in der Lage ist, der Freiheit den ihr gebührenden Platz zuzuerkennen. Ohne angemessene Berücksichtigung des Bösen spricht die Philosophie nicht über unsere Existenz, sondern von einer Welt bloß idealer und im Grunde imaginärer Gegenstände. Das ist der Sinn des Titels *Ontologie* (d. h. Theorie des Seins) *der Freiheit,* in dem eine Hermeneutik der religiösen Erfahrung entwickelt wird; denn es ist ja nur die Religion – für uns die biblische –, die uns vom Sein als einem freien Geschehen spricht, als Frucht eines Schöpfungsaktes, einer Wahl, die Gott selbst getroffen hat.

Im Denken Pareysons sind wir vielleicht an dem Punkt, an dem Philosophie und Religion am engsten verbunden sind. Im Verlauf dieses Weges wird dann natürlich nicht nur die Philosophie tief greifend verändert dadurch, dass sie die Inhalte der Religion ausarbeitet; sondern auch die Religion muss bereit sein, bedeutsame Veränderungen an sich geschehen zu lassen – hin zu einer Auffassung, die weniger Wert auf Dogma und Disziplin legt und die offener ist für Interpretation und Geschichtlichkeit. Diese Transformation ist, in vielerlei Sinne, heute im Gange, und sie fällt zusammen mit der Lebendigkeit der Religion selbst.

Weiterführende Literatur*

Zu den allermeisten in diesem Buch erwähnten Denkern gibt es Einführungen, in denen wiederum weitere Forschungsliteratur genannt wird. Empfehlenswert sind die Bänder der Reihen „Zur Einführung" (Junius Verlag), „Denker" (C. H. Beck) und „Meisterdenker" (Herder Spektrum).

Wie Gianni Vattimo schon in der Einleitung sagt, ist vor allem die Lektüre der philosophischen Werke selbst zu empfehlen.

Darüber hinaus sei nur eine kleine Auswahl von Büchern genannt, die allgemein zur Philosophie des 20. Jahrhunderts oder zu ihren Disziplinen herangezogen werden können:

Günther Anders: Die Antiquiertheit des Menschen. 2 Bde. Beck. München 1956/1980.

Iring Fetscher: Karl Marx und der Marxismus. Piper. München 1967.

Margot Fleischer: Philosophie des 20. Jahrhunderts. Wissenschaftliche Buchgesellschaft. Darmstadt 1990.

Hans-Georg Gadamer und Gottfried Boehm (Hg.): Die Hermeneutik und die Wissenschaften. Suhrkamp. Frankfurt 1978.

Jochem Hennigfeld: Die Sprachphilosophie des 20. Jahrhunderts. Grundpositionen und -probleme. De Gruyter. Berlin/New York 1982.

Anton Hügli und Poul Lübcke (Hg.): Philosophie im 20. Jahrhundert. Bd.2: Wissenschaftstheorie und Analytische Philosophie. Rowohlt. Reinbek 1993.

---

* Die Literaturliste wurde von Udo Richter zusammengestellt.

Hans Jonas: Das Prinzip Verantwortung. Insel. Frankfurt 1979.

Leszek Kolakowski: Die Philosophie des Positivismus. Piper. München 1971.

Franz von Kutschera und Alfred Breitkopf: Einführung in die moderne Logik. Alber. Freiburg/München 1999.

Ram Adhar Mall: Philosophie im Vergleich der Kulturen: interkulturelle Philosophie – eine neue Orientierung. Wissenschaftliche Buchgesellschaft. Darmstadt 1995.

Herbert Marcuse: Der eindimensionale Mensch. Luchterhand. Neuwied 1967.

Thomas Metzinger (Hg.): Bewußtsein. Beiträge aus der Gegenwartsphilosophie. Schöningh. Paderborn 1995.

Herta Nagl-Docekal: Feministische Philosophie. Ergebnisse, Probleme, Perspektiven. Fischer. Frankfurt 2000.

Julian Nida-Rümelin (Hg.): Philosophie der Gegenwart in Einzeldarstellungen. Kröner. Stuttgart 1999.

Michael Pauen: Grundprobleme der Philosophie des Geistes: eine Einführung. Fischer. Frankfurt 2001.

Annemarie Pieper (Hg.): Geschichte der neueren Ethik. Bd. 2: Gegenwart. Francke. Tübingen/Basel 1992.

Annemarie Pieper und Urs Thurnherr: Angewandte Ethik. Eine Einführung. Beck. München 1998.

Richard Schaeffler: Religionsphilosophie. Alber. Freiburg/München 1997.

Brigitte Scheer: Einführung in die Ästhetik. Wissenschaftliche Buchgesellschaft. Darmstadt 1997.

Alfred Schöpf: Sigmund Freud und die Philosophie der Gegenwart. Königshausen und Neumann. Würzburg 1998.

Walter Schulz: Philosophie in der veränderten Welt. Neske. Pfullingen 1972.

Josef Speck (Hg.): Grundprobleme der großen Philosophen. Philosophie der Gegenwart. 6 Bde. Vandenhoeck und Ruprecht. Göttingen 1972–1984.

Elisabeth Ströker und Paul Janssen: Phänomenologische Philosophie. Alber. Freiburg/München 1989.

François Wahl (Hg.): Einführung in den Strukturalismus. Suhrkamp. Frankfurt 1973.

Bernhard Waldenfels: Phänomenologie in Frankreich. Suhrkamp. Frankfurt 1983.

René Weiland: Philosophische Anthropologie der Moderne. Beltz. Weinheim 1995.

Wolfgang Welsch: Unsere postmoderne Moderne. VCH. Weinheim 1987.

Rolf Wiggershaus: Die Frankfurter Schule. Hanser. München 1986.

Kurt Wuchterl: Methoden der Gegenwartsphilosophie. Haupt. Bern 1977.

Franz Zimmermann: Einführung in die Existenzphilosophie. Wissenschaftliche Buchgesellschaft. Darmstadt 1992.

Philosophie bei Herder spektrum

Gerd B. Achenbach
Das kleine Buch der inneren Ruhe
Band 4972

Eine Auswahl inspirierender, tiefgründiger Texte aus der reichen Tradition philosophischer Lebenspraxis zeigt, dass es möglich ist, innezuhalten und sein inneres Gleichgewicht zu bewahren.

Gerd B. Achenbach
Lebenskönnerschaft
Band 5123

Wie führe ich mein Leben, damit es sinnvoll und lebenswert ist? Worauf es ankommt sind die existenziellen Herausforderungen und das Wissen, was wirklich wichtig ist. Dem Könner des Lebens wird der „Lebenslauf" zum „Lebensweg".

Ernst Peter Fischer
An den Grenzen des Denkens
Wolfgang Pauli – ein Nobelpreisträger über die Nachtseiten der Wissenschaft
Band 4842

Wolfgang Pauli: träumender Physiker und kritischer Humanist.
Ein spannendes Porträt und wertvolle Impulse.

Erich Fromm
Die Kunst des Lebens
Zwischen Haben und Sein
Band 4917

Ein lebenspraktisches Buch über die Kunst, tiefer zu leben.

A. C. Grayling
Wittgenstein
Band 4739

Wittgensteins originelles und faszinierendes Denken reichte weit über die Grenzen der Philosophie hinaus und machte weltweit Schule. Eine glänzende Einführung, „fundiert und klar" (Times).

HERDER spektrum

Alois Halder
Philosophisches Wörterbuch
Mitbegründet von Max Müller
Völlig überarbeitete Neuausgabe
Band 4752
Auf das Wesentliche konzentriert, informiert dieses Handbuch über die wichtigen
Persönlichkeiten, Fragestellungen und Positionen der Philosophie.

Johannes Hirschberger
Kleine Philosophiegeschichte
Band 4168
Der Klassiker: eine prägnante Darstellung der Philosophie von der Antike bis zur
Gegenwart.

Michael Inwood
Heidegger
Band 4736
Der einflussreichste deutsche Denker des 20. Jahrhunderts: Martin Heidegger hat
die menschliche Existenz in der modernen technikbestimmten Welt grundlegend
neu gedacht.

Susanne Möbuß
Sartre
Band 4880
Möbuß erschließt das Hauptwerk „Das Sein und das Nichts" ebenso wie den
denkerischen Gehalt von Sartres Werk im Kontext seines Lebens.

Georg Picht
Das richtige Maß finden
Der Weg der Menschen ins 21. Jahrhundert
Vorwort von Carl Friedrich von Weizsäcker
Band 5122
Der Mensch ist nicht länger das Maß aller Dinge: Das 20. Jahrhundert hat dies
gezeigt. Die scharfsichtige Analyse und klaren Perspektiven eines ökologischen
Vordenkers.

HERDER spektrum